Evidence Based

臨床認知心理学

小谷津孝明・小川俊樹・丹野義彦 ──［編］

東京大学出版会

Clinical Cognitive Psychology
(Evidence-based Clinical Psychology, 5)
Takaaki KOYATSU, Toshiki OGAWA, & Yoshihiko TANNO, Editors
University of Tokyo Press, 2008
ISBN 978-4-13-011123-2

臨床認知心理学・目　次

はじめに　臨床心理学と認知心理学のインターフェース
　　　………………………………………丹野義彦・小川俊樹・小谷津孝明　1

I・心理療法の認知心理学

1章　認知行動療法と心理学 …………………………………丹野義彦　9

　1　認知行動療法と心理学　10
　2　行動パラダイムと行動療法　10
　3　認知パラダイムと認知療法　11
　4　認知行動パラダイムと認知行動療法　13
　5　臨床心理士の現場と認知行動療法　14
　6　臨床心理士の養成と認知行動療法　14
　7　基礎的心理学と臨床心理学　15
　8　認知行動療法の重要性　15

2章　問題解決療法と認知心理学 ………………………………伊藤絵美　17

　1　認知心理学と臨床心理学のインターフェース　17
　2　認知心理学における問題解決研究　20
　3　認知行動療法における問題解決アプローチ　24
　4　認知心理学と認知行動療法のインターフェースとしての問題解決療法　28
　5　課題と展望：実証に基づく問題解決療法　30

3章　認知リハビリテーションと認知心理学 ………………梅田　聡　35

　1　はじめに　35
　2　認知リハビリテーションとは　35

3　記憶障害とは何か　37
　　4　記憶障害に対するリハビリテーション　40
　　5　展望記憶とは何か：日常生活で必要なスキル　42
　　6　展望記憶の回復支援　44
　　7　脳機能画像法と認知リハビリテーション　47
　　8　認知リハビリテーションの今後　48

4章　精神分析療法と認知心理学……………………………………岩崎徹也　51

　　1　はじめに　51
　　2　精神分析と認知心理学の統合の試み　51
　　3　精神分析療法のもつ認知的側面　53
　　4　認知療法と精神分析療法の相違性　55
　　5　精神分析の科学性をめぐって　58
　　6　認知心理学の記憶研究と精神分析療法　60
　　7　おわりに　62

5章　森田療法と認知心理学　………………………………………辻　平治郎　65

　　1　精神病理学　66
　　2　治療の理論と技法　72
　　3　認知療法と森田療法の比較　78
　　4　おわりに　83

•臨床認知心理学をめぐって――臨床認知心理学とライフサイクル……小谷津孝明　85

目　次　　　　　　　　　iii

II・精神病理の認知心理学

6章　病理学的方法と心理学：病態心理学と基礎心理学 …小川俊樹　111

1 さまざまな心理学　111
2 基礎心理学について　113
3 臨床心理学（clinical psychology）について　114
4 病態心理学（pathological psychology）について　116
5 日本における病態心理学について　119
6 おわりに：「自然を師としなければならない」（Leonardo da Vinci）　120

7章　視覚：先天盲開眼者の心理学的援助から ………………鳥居修晃　123

1 問題の背景　123
2 問題探求の基本方針　126
3 初めて見る事物　129
4 事物識別への道程　132
5 属性の抽出と統合　138
6 まとめと今後の課題　143

8章　聴覚：聴覚障害に学ぶ世界 ……………………………斎藤佐和　147

1 聴覚障害と知的発達　147
2 聴覚障害児の聴覚活用に学ぶ　149
3 聴覚障害児の日本語習得過程に学ぶ　153
4 病理学的方法の否定からの再出発　159

9章　自己：自我漏洩感から ……………………………………佐々木　淳　165

1 はじめに　165
2 自我漏洩体験　166

  3 自我漏洩感への認知行動アプローチ 171
  4 今後の展望 178

10章　言語：言語障害児の療育から……………………**鹿取廣人**　181

  1 「もの信号系」と「生体信号系」 181
  2 コミュニケーション行動 184
  3 言語行動の発生過程 189
  4 言語と認知 193

あとがき　201

索　引　203

執筆者紹介　207

はじめに

臨床心理学と認知心理学のインターフェース

丹野義彦・小川俊樹・小谷津孝明

1 本書のねらい

本叢書「実証にもとづく臨床心理学」は，実証にもとづく臨床心理学をわが国に定着させるために企画された．それによって，臨床心理学の国際化と現代化をはかり，学としての臨床心理学を確立し，また，基礎的心理学との対話を深め，「世界への発信」と「次世代への発信」をはかりたい．

『臨床認知心理学』と題される本書は，「認知」という観点から，臨床心理学を見直すことを目的としている．認知のメカニズムやその神経的基盤を解明することは，現代心理学の中心的な課題である．こうした認知心理学の成果は臨床心理学にも大きなヒントを与えてきた．また，臨床場面において病理的方法を用いておこなわれる認知研究は，認知のメカニズムの解明に大きく貢献している．本書は，認知心理学と臨床心理学の境界領域を探り，新しい研究や実践を開拓しようと試みた．

本書のもうひとつの目的は，臨床心理学と基礎的心理学のインターフェースをはかることである．欧米の心理学においては，臨床心理学と基礎的心理学の交流がさかんであり，本叢書の他の巻[注1]でも紹介されているように，両者の関係が強まっている．臨床心理学が基礎的心理学にもとづいているので，両者のインターフェースがうまくいっているのである．第I部1章で詳しく述べられるように，英米の臨床心理士は，基礎的な心理学をきちんとマスターしているので，心理学の専門用語が共通の言語となっている．

これに対して，近年の日本では，臨床心理学と基礎的心理学との交流は希薄である．臨床心理学の側では，基礎的心理学は実践の役に立たないと批判し，逆に，基礎的心理学の側では，臨床心理学は科学ではないと批判する．「科学」

対「反科学」の様相を帯びてしまい，感情的な対立ともなってしまう．両者は「共通の言語」を持たず，対話ができない状況となっている．本叢書ならびに本書は，このような状況を打破するため，臨床心理学と基礎的心理学の対話を促すことを目的としている．

基礎的心理学と臨床心理学の溝を埋めるためには，両者がお互いに歩み寄る必要があるだろう．つまり，前者から後者への歩み寄りと，後者から前者への歩み寄りの両方が必要である．そこで，本書の第Ⅰ部では，臨床心理学が認知心理学に歩み寄るために，心理療法が認知心理学をどのように取り込むかについて論じた．一方，第Ⅱ部では，基礎的心理学が臨床心理学に歩み寄るために，臨床場面における心理学研究がどのように可能かについて論じた．

2　心理療法の認知心理学

本書の第Ⅰ部は，心理療法と認知心理学のインターフェースを扱う．

近年の認知心理学の発展にともなって，認知療法や問題解決療法といった，認知を中心とした治療法が盛んになった．ほかにも，社会心理学からは帰属療法やソーシャルスキル訓練（SST）が生まれ，ストレス心理学からはストレス・コーピングやグリーフ・カウンセリングが生まれてきた．さらに，認知の脳内メカニズムを解明する神経心理学の成果によって，認知神経心理学や認知リハビリテーションと呼ばれる分野も発展してきた．そこで，第Ⅰ部の前半では，最近の心理学の成果を利用して育ってきた認知行動療法，問題解決療法，認知リハビリテーションをとりあげ，新たな心理療法の実践や臨床研究の可能性を探った．

第1章では，丹野義彦が認知行動療法と心理学の密接な関係について論じた．今や心理学的治療の中心的位置を占める認知行動療法は，もともと行動主義心理学や認知心理学から出てきたため，英米では認知行動療法（臨床心理学）と基礎的心理学の関係は良好である．両者のインターフェースのためには，日本においても，認知行動療法や科学的な臨床心理学が必要であることを主張している．

第2章では，伊藤絵美が問題解決療法について論じた．問題解決療法や広く

認知行動療法は，クライエント個人の問題解決能力を高めると同時に，クライエントとセラピストによる協同的問題解決の過程でもある．このことを，臨床の事例にもとづいて具体的に示している．そして，認知心理学における問題解決過程や，エキスパートについての実証研究を取り入れれば，問題解決療法がさらに発展すると論じている．問題解決療法にとって，認知心理学の実証研究は"宝の山"であるとしているのが印象に残る．

第3章では，梅田聡が認知リハビリテーションについて述べた．記憶障害に対するリハビリテーションの技法を6つに分けて解説したうえで，自身の臨床研究や基礎研究のデータをもとに，展望記憶の臨床神経心理学と回復支援の研究を紹介している．アセスメントやメカニズム研究（神経心理学）をしっかりおこなって，障害の脳内メカニズムを把握したうえで，回復支援をおこなうという科学的な臨床心理学の基本がよく理解できる．脳機能画像法など，脳と心理機能の対応が直接調べられるようになったのは大きな進歩である．

一方，「認知」という視点を考えると，これまでの心理療法に対して新たな光を当てることができる．例えば，精神分析療法における「洞察」や，クライエント中心療法における「自己概念の変容」といったキー概念も，「認知」の変容をめざすという点では同じである．また，日本で独自に展開した森田療法についても，認知療法との類似点が多く指摘されている．その意味では，森田療法は認知療法を先取りしている．

そこで，第Ⅰ部の後半では，精神分析療法と森田療法をとりあげ，それらが認知心理学や認知的治療技法とどのような接点があるか，「認知」との接点を考えることによってどのような示唆が得られるか，技法の開発や臨床実践においてどのようなヒントが得られるかについて論じた．

第4章は，岩崎徹也が，精神分析療法について論じた．認知心理学の視点からとらえなおしてみると，精神分析療法の中核である「洞察」は，まさに「認知の変容」である．ただし，認知療法が外界の客観的な現実を扱うのに対し，精神分析療法では個人の主観的な「精神的現実 Psychic Reality」を扱うという点では異なる．また，精神分析療法における人格と認知療法のスキーマの類似性を指摘する．精神分析療法と認知療法はそれほど大きく違うわけではなく，本章では，両者の統合の動きについても紹介している．

第5章は，辻平治郎が森田療法について論じた．Beckの認知療法や，Higginsの自己不一致理論，ClarkやWellsの認知行動療法の枠組みを通して，森田療法の理論と治療技法について明確化している．森田療法と認知行動療法は，理論的にも技法的にも似ている部分がある．その一方で，森田は，神経症の治療には理屈（認知）よりも体験が重要だとし，人為的な制御を放棄した「あるがまま」を実践することを強調する．ここには東洋的な深い洞察が認められる．森田療法に関連した実証研究を紹介しながら，今後どのような研究が必要とされているかについて論じている．

以上のように，第I部では，心理療法の各技法をとりあげて，「認知」という観点から再検討した．その際，各著者の研究や臨床実践との関係を明らかにし，また，現状だけでなく，今後の新たな研究や実践の可能性について論じるようにした．

なお第I部と第II部の間に，小谷津孝明が認知臨床心理学とライフサイクルについてまとめた論考を配した．Eriksonのライフサイクル理論にもとづいて，人生の各時期の認知発達の特徴について解説し，自身のエピソードも交えながら，臨床認知心理学における成熟の論理とともに，教育の論理（対人関係の中における変化）の重要性が論じられている．

3 精神病理の認知心理学

本書の第II部では，病理学的方法を用いた認知機能の研究を扱う．

ブロカの失語症研究，ワトソンの恐怖獲得の研究，フロイトの精神分析学などにみられるように，病理学的方法は，臨床心理学や異常心理学などの分野で大きな貢献をしてきたが，病理学的方法は単に臨床心理学や異常心理学に留まらず，健常な心理的プロセスを解明する大きな手段でもある．病理学的方法の研究方法としての価値を強調したリボーは，病理が特殊な事象の説明という小さな意味だけでなく，一般原理の解明という大きな意味を有していることを理解していたといえよう．

病理学的方法はまた，事例を個として見ていくことを要請しており，具体的な治療法や対処法の開発に貢献してきている．事例研究法は，臨床心理学の分

野でこれまで大きな貢献をしてきたが，近年では，実験法，調査法などと並んで，心理学研究法の主要な方法として認識されるようになってきた．

病理学的方法を用いて認知のメカニズムを調べる研究はこれまでもなされてきているが，心理学研究方法としての認識の下に研究を展開しようとする研究が最近さかんになってきている．認知の各プロセスの解明において，病理学的研究は大きな貢献をしているといえよう．そこで，第II部では，視覚や聴覚といった要素的な認知機能と，言語や自我・自己意識という統合的な認知機能をとりあげて，病理学的な方法とそこから明らかになった事実を紹介する．執筆者は，実際に病理学的方法を用いている研究者である．病理学的方法の利点と限界，倫理的な問題について触れ，臨床心理学や臨床実践に対してどのように貢献できるかについて論じた．

第II部の第6章は，小川俊樹が，心理学研究方法としての病理学的アプローチについて論じた．前述したように，ともすれば基礎的な心理学と臨床的な心理学との間に解離しがちな点について，病理学的方法に伝統のあるフランス心理学の紹介によって，病態心理学が基礎心理学と臨床心理学のインターフェースとなり得ることを示唆した．また，日本においても，かつてこの種のアプローチの価値を強調した先人がいること，を指摘した．

第7章は，鳥居修晃が視覚について論じた．視覚障害者の開眼手術後の知覚体験を基に，「事物が識別できるのは何故か」という問題に答えようとした．この種のアプローチの研究史を述べるとともに，視知覚の属性である色彩・形・立体の認知がどのような過程を取るのかについて自験例から論じた．研究の基となっている，これらの自験例はいずれも事例であり，個から普遍をという病理学的方法に基づくものである．

第8章は，斎藤佐和が聴覚について論じた．聴覚障害児の教育実践と研究に長年関わってきた立場から，大きな転換点にある聴覚障害に関する研究について論じている．聴覚障害児の聴覚獲得の問題から，音声言語，文字の習得へと論を進めて，聴覚障害児における言語や概念の形成の問題についての研究成果に言及するとともに，教育への示唆を与えている．そして，ともすれば病理学的視点に欠落しがちな社会的・文化的視点の重要性を指摘した．個や事例を重視する臨床心理学は社会や文化を無視しては成立し得ないのであって，この章

の指摘は，病理学的方法の倫理においてきわめて大事な点である．

　第9章は，佐々木淳が自己意識について論じた．自我障害の理論から説き起こし，自我障害の一例として，日本人に，とりわけ青年期に多く認める自我漏洩体験に焦点を当てて，アナログ研究の成果を紹介している．すなわち，健常者にも認める自我漏洩体験を自我漏洩感と定義し，自我漏洩感成立の認知的メカニズムを明らかにするとともに，治療的ストラテジーにも言及している．

　第10章は，鹿取廣人が人間の適応機能における言語の役割について論じた．対社会的環境も含めて，人間の適応を環境との刺激の送受信という視点から捉え，そのシステムを信号系と呼んでいる．この信号系は，環境の物理的刺激に対する"もの信号系"と，言語が大きな役割を果たす，対人関係におけるコミュニケーションに対する"生体信号系"という2つの信号系に分けて考えることができるが，この2種類の信号系の関係について脳損傷や言語障害の事例から説明している．そして，言語行動の獲得や発達という観点から"生体信号系"を明らかにするとともに，認知機能に果たす言語の役割について神経心理学的知見を基に論じた．

　なお，議論をかみ合わせるために，各章はおおむね以下のような構成をとっている．どの項目に重点を置くかについては執筆者によって幅を持たせてある．
　a）その分野の世界的動向と日本の現状．
　b）各執筆者の研究紹介．
　c）研究を臨床にどう生かすか（基礎研究をどう現場に生かすか，援助や治療にどう生かせるか）．日本の臨床認知心理学研究にはどのような問題点があり，これから何が必要か．
　本書によって臨床心理学と基礎的心理学のインターフェースが少しでも進むことを期待している．臨床家，研究者をはじめ，修士論文や卒業論文を執筆する学生など，多くの人に手にとっていただければ幸いである．

　（注1）　本叢書の既刊は，『統合失調症の臨床心理学』『抑うつの臨床心理学』『不安障害の臨床心理学』『臨床社会心理学』である．

I

心理療法の認知心理学

第1章

認知行動療法と心理学

丹野義彦

　筆者は，1990年代半ばまで，精神科において臨床実践と心理学研究をおこなってきたが，不勉強にして日本以外の臨床心理学を知る機会がなかったので，心理療法や臨床心理学といえば，実証的心理学とは無関係であると思いこんでいた．残念なことに，日本においては，臨床心理学と基礎的心理学の交流が稀薄である．筆者は日本の臨床心理学が科学性を失いつつある状況に危機感を持っていた．その頃，ドライデンとレントゥルの本（Dryden & Rentoul, 1991）を読んで，実証研究にもとづいた臨床心理学や治療技法が現れたことに驚いた．それを機にイギリスやアメリカの臨床心理学を勉強するようになったが，その過程で知ったことは，英米では実証研究にもとづいた臨床心理学や治療技法が昔からあり，1990年代以降はそれらが主流になっているということであった（丹野, 2006）．英米では，臨床心理学と基礎的心理学の交流が失われるようなことはなく，むしろ両者の関係はより密になっている．このような日本との違いはどこから来るのだろうか？　ひとつのポイントは「認知行動療法」にあると思われる．英米の臨床心理士を支えているのは認知行動療法である．認知行動療法は実証的な心理学の申し子である．基礎的・科学的な心理学をしっかり学んだ学生だけが「臨床心理士」の資格を得て，現場で仕事をしている．認知行動療法を身につけた臨床心理士の現場での臨床能力はきわめて高い．

　本章では，英米において認知行動療法と基礎的心理学がいかに関係深く発展してきたかについて述べ，日本における認知行動療法や実証的な臨床心理学の必要性について述べたい．

1 認知行動療法と心理学

　心理的治療法にはいろいろあるが，その中で，心理学との関連が最も深いのは認知行動療法である．日本では，臨床心理学・心理療法・カウンセリングは区別されずに用いられているが，実はこれらのルーツは異なる（丹野，2006）．「臨床心理学」のルーツは基礎的な心理学にある．基礎的な心理学と認知行動療法は切っても切れない縁にある．歴史的に見ても，行動主義心理学があったからこそ行動療法が生まれ，認知心理学があったからこそ認知療法が普及した．一方，心理療法のルーツは精神分析学であり，カウンセリングのルーツは相談活動である．日本では，心理療法とカウンセリングは導入されたが，臨床心理学や認知行動療法はまだ導入されていないために，基礎的心理学との交流が希薄なのだと思われる．

2 行動パラダイムと行動療法

　歴史的にみると，図1-1に示すように，行動パラダイムと認知パラダイムが統合されて認知行動パラダイムが成立した．各パラダイムは，基礎的心理学理論，異常心理学，心理アセスメント，治療技法の4つの領域を含んでいる．つまり，認知行動療法は，単なる治療技法として単独で発展したわけではなく，心理学における大きなパラダイムの一部として発展したのである．

　行動パラダイムの源流は「行動主義心理学」や「行動科学」であり，20世紀初頭のパブロフの古典的条件づけやスキナーのオペラント条件づけの理論にさかのぼる．行動主義心理学は，行動の「変化」というものを科学的に予測した初めての理論である．行動主義心理学によって，心理学は科学として独立することができたといえる．

　1940年代には，条件づけの理論を用いて，不安障害や行動障害を説明しようとする「行動病理学」がさかんになった．それによると，不適応的な行動は，古典的条件づけやオペラント条件づけなどの原理にもとづいて，誤って学習される．これを裏付ける多くの研究がおこなわれ，成果が蓄積した（Dryden &

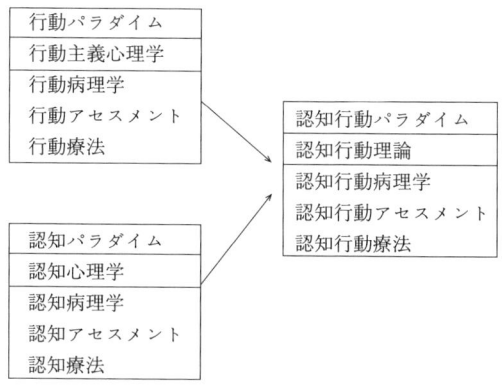

図 1-1　認知行動パラダイムの成立

Rentoul, 1991)．

　そこで，条件づけの原理に従って，不安障害の症状を消去したり，適応的な行動習慣を再学習しようとする「行動療法」が生まれた．行動療法は，心理学の中から出てきた初めての治療技法であるといえる．代表的な技法として，エクスポージャー法，系統的脱感作法，オペラント法，バイオフィードバック法などがある．

　さらに，客観的な行動観察法を用いる「行動アセスメント」の技法が発展した．

　このように，行動主義心理学，行動病理学，行動アセスメント，行動療法という4つが組み合わさって，行動パラダイムが完成した．

3　認知パラダイムと認知療法

　1970年頃から，心理学の主流は，行動パラダイムから「認知パラダイム」へと移行する．行動主義心理学と認知心理学の関係についてであるが，行動主義心理学が死んで，それとは独立に認知心理学が新たに生まれてきたというわけではない．行動主義心理学における科学主義や実証主義が心理学内部に行き渡ったからこそ，心理学者はいよいよ認知という内面的な過程を科学的な研究対象とすることができたのである．つまり，行動主義が浸透して自明なものと

なったからこそ，そこから認知心理学が育ってきたといえる．

1970年代には，コンピュータをモデルとして人間の認知を考える情報処理心理学や認知科学が盛んになった．この方法論を用いて，うつ病・不安障害・統合失調症などの臨床疾患における認知特性をさぐる研究がさかんにおこなわれた．このうち，うつ病の記憶研究の成果をもとにして生まれたのがBowerの「感情ネットワークモデル」である．また，不安障害の情報処理心理学から生まれたのが，Rachmanの感情処理理論であり，これは後に自己調節実行機能モデルへと発展した（Wells & Matthews, 1994）．いろいろな精神病理の症状が，認知という観点から見直されるようになり，大きな成果をあげた（丹野・町山，1985）．

情報処理心理学は，その後，人間の思考や問題解決を本格的に扱うようになり，認知心理学と呼ばれるようになった．こうした中で，スキーマや推論などの研究が盛んになる．そうした成果を抑うつ研究に取り入れたのがBeckの認知病理学と認知療法である．Beckの認知病理学によると，抑うつ的な人は，自分の失敗を過大解釈し，自分の長所を過小評価したり，少しでもミスがあれば完全な失敗と考えるなど，独特の認知の歪みを持つ．そこで，こうした不合理で否定的な認知を明らかにし，合理的・肯定的な認知に置き換えようとするのが「認知療法」である．認知療法の具体的な技法については他書に譲る（大野・小谷津，1996；井上，1992）．認知療法は，臨床経験の中から生まれたものであるが，Beckは，スキーマ理論などの認知心理学にもとづいた理論化をおこなった．それと前後して，アメリカでは，Ellisの論理情動療法やMeichenbaumのストレス免疫訓練など，認知を重視する技法が多く現れた．

Beckの理論は，抑うつ研究を刺激し，Beck理論への批判の中から，いろいろな理論や実証研究が生まれた．例えば，Teasdaleは，Beckに対する批判として，抑うつ的処理活性仮説を提案し，Beckとの間に抑うつスキーマ論争がおこる．Teasdaleの理論は，Bowerの「感情ネットワークモデル」にもとづいている．このように，Beckの認知理論は，結果的に，基礎的心理学と臨床心理学のインターフェイスを促した点でも，大きな意義があった（丹野，2001）．

さらに，心理アセスメントにおいても，質問紙法や自由再生法や構造化面接法が多く開発され，「認知アセスメント」と総称された．

以上のように，認知療法も，治療技法として単独で発展したわけではなく，認知心理学，認知病理学，認知アセスメントなどと組み合わさったパラダイムの一部として発展したのである．

4 認知行動パラダイムと認知行動療法

1990年代には，行動パラダイムと認知パラダイムが統合されて「認知行動パラダイム」が確立した．基礎的な心理学理論としては，Banduraの自己効力感やLangの3システムズ・モデルなどがあげられる．

臨床現場において認知行動パラダイムを主導したのは，ClarkやSalkovskisやGaretyといったイギリスの臨床家である．彼らは，行動病理学と認知病理学を統合し，「認知行動病理学」を作った．これを不安障害や精神病の症状に適用し，Clarkのパニック障害理論，Salkovskisの強迫性障害理論，WellsとClarkの対人恐怖理論，GaretyとHemsleyの妄想理論など，多くの理論と実証研究が生まれた（丹野，2001）．

このうえで，彼らは，エクスポージャー法を中心とする行動療法とBeckの認知療法を統合して，「認知行動療法」の技法を開発した．こうして，認知行動療法は，うつ病だけでなく，不安障害（パニック障害・強迫性障害・社会不安障害など），幻聴・妄想といった精神病症状，発達障害，摂食障害，人格障害などに適用され，効果をあげるようになった（Dryden & Rentoul, 1991）．

また，認知行動療法をおこなう前には，クライエントの情報を集め，病理がなぜおこっているのかを考え，治療の方針を立てるケース・フォーミュレーションが欠かせない．ここでは心理アセスメントは不可欠である．これらは「認知行動アセスメント」と呼ばれる．

以上のように，認知行動パラダイムは，基礎的心理学，異常心理学（病理学），心理アセスメント，治療技法の4つの領域が，互いに密接な関連をもって発展した．このため，治療技法が，単なる思いつきではなく，理論と実証研究に支えられて発展した．

5 臨床心理士の現場と認知行動療法

　行動療法の考え方は狭くて臨床では使いにくいところもあったが，認知療法と合体することにより，治療効果は格段に進歩した．認知行動療法という技法を手に入れることによって，欧米の臨床心理士は，精神科医と対等の立場になれたという（Kuipers, 2001）．認知行動療法は，今や心理学的治療法の世界標準（グローバル・スタンダード）となっている．

　アメリカ心理学会の第12部会（臨床心理学部会）は，1993年に，一定の厳しい基準を設定して，「十分に確立された治療法」18種を選び出したが，このリストにおいて，認知行動療法は中心的な位置を占めている（Crits-Christophら, 1995）．

6 臨床心理士の養成と認知行動療法

　臨床心理士の養成においても，認知行動療法が重視されるようになっている．アメリカ心理学会認定の臨床心理学コース167を対象とした研究（Crits-Christophら, 1995）によると，90％のコースでは，ベックの認知療法について講義しており，80％のコースでは認知行動療法を実習に取り入れていた．ひとつの博士課程コースの講義では，平均で11.5種類の行動療法や認知療法の技法を教えていた．また，アメリカ心理学会認定の臨床心理学コースについて調べた研究がある（Mayne, Norcross, Sayette, 2006）．各コースでの最も強い理論を調べると，最も多かったのは認知的／認知行動的理論で51％を占めていた．その次は，心理力動的・精神分析理論24％，家族システム／システム論的理論19％，実存的・現象学的・人間学的理論が10％，応用行動分析／行動理論7％といった順であった．アメリカの臨床心理学の半分のコースで，認知行動療法が主流となっている．

　イギリスでも，英国心理学会認定の臨床心理士養成大学院では，認知行動療法が最も主要な技法となっている（丹野, 2006）．科学者－実践家モデルにもとづいて，科学的心理学をきちんと身につけた者だけが臨床心理士になり認知行

動療法をおこなうというシステムができている．

7　基礎的心理学と臨床心理学

　認知行動療法と心理学の関連は，学会の体制にもあらわれている．

　英米の認知行動療法の学会には，臨床心理学者や医師だけでなく，基礎的心理学の研究者も多く参加している．認知行動パラダイムは，基礎的心理学者の多くを巻き込んだ社会的な運動としての側面を持っている．

　治療効果研究で用いられる無作為割付対照試験（Randomized Controlled Trial）の考え方は，実験計画そのものであり，実験心理学を学んだ者にはなじみやすい．英米で治療効果研究が重視されるのは，臨床心理士が科学的な心理学の考え方に慣れているからである．

　また，英米の心理学会は，基礎的心理学の研究者だけでなく，臨床心理学者が多く参加しており，むしろ後者の会員数の方が多い．アメリカ心理学会は53の部会からなる傘団体であり，英国心理学会もいくつかの部会からなる傘団体である．心理学会というひとつの傘のもとで，基礎的な心理学者と臨床心理学者が共存している．心理学会は，臨床心理学への支援を精力的におこない，臨床心理士の指定校を認定したり，臨床心理士の資格制度を統括している．学会の体制がしっかりしているので，臨床心理学が社会に対して多大な貢献ができるようになり，臨床心理士の社会的地位は高くなっている．

8　認知行動療法の重要性

　以上のように，英米の臨床心理士は認知行動療法という武器を身につけて，臨床現場で活躍している．これに対して，日本の臨床心理士が認知行動療法という強力な武器を身につけていないのは残念なことである．今後，認知行動療法を日本に定着させることが必要であろう．

　また，日本では，科学的な臨床心理学や認知行動療法がまだ定着していないために，基礎的心理学との交流が希薄である．日本では，基礎的な心理学者と臨床家では，専門用語が異なっており，お互いに通じる「共通言語」がない．

これに対して，英米の臨床心理士は，基礎的な心理学をきちんとマスターしているので，心理学の専門用語が共通の用語となっている．例えば「スキーマ」といった認知心理学用語や，「原因帰属」や「自己注目」といった社会心理学用語，ビッグファイブといったパーソナリティ心理学の用語が，臨床の現場でも当たり前のように用いられている．基礎的心理学と臨床心理学の学会が分かれているのは日本だけである．基礎的心理学と臨床心理学の溝を埋めるためには，こうした学会のあり方も検討していかなければならないだろう．

引用文献

Crits-Christoph, P., Frank, E., Chambless, D. L., Brody, C., & Karp, J. F. 1995 Training in empirically validated treatments: What are clinical psychology students learning? *Professional Psychology*, **26**, 514-522.

Dryden, W. & Rentoul, R. (eds.) 1991 *Adult clinical problems: A cognitive-behavioural approach*. Routledge. （ドライデン・レントゥル（丹野義彦，監訳）1996 認知臨床心理学入門．東京大学出版会．）

井上和臣　1992　認知療法への招待．金芳堂．

Kuipers, E. 2001 The present and the future of clinical psychology in the UK. *Epidemiologiae Psichiatria Sociale*, **10**, 135-138.

Mayne, T., Norcross, J., & Sayette, M. 2006 *Insider's guide to graduate programs in clinical psychology. 2006/2007 edition*. Guilford Press.

大野　裕・小谷津孝明（編）1996　認知療法ハンドブック（上・下）．星和書店．

丹野義彦　2001　エビデンス臨床心理学：認知行動理論の最前線．日本評論社．

丹野義彦　2006　認知行動アプローチと臨床心理学：イギリスに学んだこと．金剛出版．

丹野義彦・町山幸輝　1985　機能性精神病における認知障害説．臨床精神医学，**14**，869-881．

Wells, A. & Matthews, G. 1994 *Attention and emotion: A clinical perspective*. Lawrence Erlbaum. （箱田裕司・津田　彰・丹野義彦（監訳）2002　心理臨床の認知心理学．培風館．）

第2章

問題解決療法と認知心理学

伊藤絵美

1 認知心理学と臨床心理学のインターフェース

1-1 認知心理学の最近の動向

　心理学において，20世紀前半は行動主義が研究をリードしてきたが，1970年代に，強化の随伴性への気づきが学習効率に影響を与えることが実験的に確かめられ，実証主義的心理学の焦点は，行動から認知へとシフトした．また1950年代に生まれた情報処理アプローチが，1970年代には"認知科学"という新たな学問領域として確立された．認知科学の誕生は，コンピュータ科学の発展に負うところが多い．つまり認知科学では，人間をコンピュータ同様に"情報処理システム"として捉え，さまざまな認知現象をモデル化し，それをコンピュータで再現しようとしたのである．認知科学は学際的学問であるが，その一端を担うのが認知心理学である．以上をまとめると，認知心理学とは，情報処理アプローチに基づく実証研究を通じて，人間の心をモデル化しようとする学問であると言える（伊藤, 1993; Mandler, 1985）．当初は人間の認知活動をコンピュータ上に厳密に再現することを目指した認知心理学であったが，研究が進めば進むほど，むしろコンピュータを用いた情報処理アプローチ自体の限界が認識されるようになった．同時に，実験室外の，より日常的で現実的な人間の認知が扱われるようになり，それらは"日常認知研究"として，現在も活発に研究が行われている．海保（1997）は，日常認知活動に関与するのは，計算論的な"冷たい認知"ではなく，知・情・意が渾然と融接した"温かい認知"であるとしている．

　日常認知研究はあくまでも実証的な視点を保ちながらも，社会に生き，普通に生活する人間の有り様を，生きたモデルとして表現しようとしていると考え

て良いだろう．つまり，より生態学的妥当性の高い研究を目指しているのである．基礎心理学と臨床心理学のインターフェースに関心を持つ筆者としては，1980年代以降の日常認知研究のなかでも，とくに"メタ認知""スキーマ""情動と認知の関わり""協同的問題解決"といったトピックが，臨床応用への重要な視点を提供してくれるものと考えている．

また基礎科学としての認知心理学は，研究対象と研究法の広がりに伴い，様々な分野に応用されるようになったが（たとえば Greeno, 1983; 市川, 1991），その一環として認知心理学の臨床心理学への応用が挙げられる．特に治療理論や治療効果研究における実証的裏づけを重視する認知行動療法においては，その基礎理論の重要な柱の一つとして，認知心理学を活用しようという傾向が見られる（Beck, 1991）．

1-2 臨床心理学の最近の動向

わが国の臨床心理学は，実証主義とは別の視点から展開されてきた．具体的には精神分析的心理療法やユング派，ロジャーズ派などであるが，特に日本ではそれらのアート的な側面が強調されており，現在でもその傾向が強く見られる．しかし1990年代後半，精神医学では「実証（エビデンス）にもとづく医療」が欧米でも日本でも提唱され（古川, 2000），欧米ではその動きに応じて，「実証にもとづく臨床心理学」が提唱されるようになった．たとえば米国心理学会（APA）の臨床心理部会では，実証的な効果研究の結果に応じて，治療法・援助法に関するガイドラインを作成し，改訂を続けている（Crits-Christoph et al., 1995）．一方，日本の臨床心理士のほとんどが所属する日本心理臨床学会で，そのようなガイドラインを作成するという話は聞こえてこない．

しかし日本でも，ごく少数のユーザーが心理療法を受けていた過去と，社会で幅広く臨床心理学的援助サービスが求められる現在では，状況が異なる．臨床心理士は，自分の提供するサービスについて，社会の人々に分かるような言葉で説明し，その効果を自ら検証していかなければ，社会からの信頼を得ることはできないだろう．また効果が実証的に示されている手法を習得し，現場で実践できるように努めることは，職業倫理という視点からは必須である．したがって臨床心理士は，科学者－実践家モデルに則り，実証にもとづく臨床心理

学を実践する責任を負うものと筆者は考えるが,日本の臨床心理学領域では,このような考え方は少数派であるらしい.それでも特に若手の臨床心理士を中心に,エビデンスが示されている援助法を習得したいという意欲は,少なくとも10年前に比べればかなり高まってきており,臨床心理士の中でも依然としてアートに留まり続ける立場と,アートを大事にしつつもサイエンスを重視する立場との二極分化が進んでいるというのが,現状であろう.筆者は後者の立場にたっており,認知心理学や社会心理学といった実証的で基礎的な学問領域と,臨床心理学とのインタラクションを,今後もっと進めていくべきだと考えている.そこで本章では認知心理学と臨床心理学のインタラクションについての具体的な議論を深めるために,"問題解決"という概念を取り上げ,認知心理学における問題解決研究の成果を,臨床に活用するための考え方と方法について論じる.

1-3 "問題解決"という共通アプローチ

　認知心理学において問題解決研究は,人間の認知を検討するために必要な具体的テーマであった.つまり,ある問題状況を刺激として与えて,それを被験者が認知的・行動的にどのように解決するのかを調べ,そこから人間の認知の特性を探ってきたのである.したがって認知心理学において,問題解決に関する研究は数多く,一般理論と呼べるほどの理論やモデルが構築されている.日常生活における問題解決や,問題解決における情動の役割など,より生態学的妥当性の高いテーマについての一般理論ができるのは,まだ先のことだと思われるが,現時点でもある程度の説明やモデル化がなされている.したがって,認知心理学における問題解決研究の成果を臨床心理学的援助,特に認知行動療法に役立てることは,現在でも十分に可能であると考えられる（伊藤, 1994）.

　一方,認知行動療法は,問題解決アプローチを最重視する援助法である.認知行動療法においてセラピストは,クライアントの主訴を,"何らかの現実的解決をめざす問題"として捉え直し,クライアント自身が解決に向けて適切に機能できるように援助する.認知行動療法のなかには,問題解決の考え方やスキルをクライアントに対して直接的に教示し,クライアントの問題解決力の向上を目指す"問題解決療法"という立場もある（たとえば, D'Zurilla, 1986; 1990;

Nezu et al., 1989). 問題解決療法については後述する.

このように認知心理学においても，認知行動療法においても，問題解決を主要テーマとして重視することは共通しているが，残念ながら両者のインタラクションはまだあまり活性化されていない．そこで次節以降では，認知心理学における問題解決研究をまとめ，臨床心理学的援助によりよく活かすための手立てについて考える．

2 認知心理学における問題解決研究

2-1 問題解決のプロセス

認知心理学における問題解決研究は，人間を"問題解決型の情報処理システム"と設定することから始められ，問題解決のプロセスそのものに研究の焦点が当てられた．その際，パズル解き（例：ハノイの塔）のような，知識をあまり必要としないが，解決するのに複数のステップを必要とする課題が扱われた．この種の課題は，洞察課題とは異なり，解決の鍵となる唯一のステップが存在するわけではない．したがって問題解決に成功するかどうかは，正しいステップの積み重ねができるかどうか，すなわち解決のプロセス全体にかかってくる．このような単純な課題が実験室において集中的に扱われたことにより，人間の問題解決の基本的なプロセスが明らかになった．

これらの研究は1970年代半ば頃まで活発に行われたが，特に Newell & Simon（1972）の *Human Problem Solving* は，問題解決の心理学の記念碑的な著作と言われている（VanLehn, 1989）．Newellらの理論やモデルは，その後のすべての問題解決研究の基礎となったと言っても過言ではない．彼らの研究によって，問題解決にかかわる認知のタイプが区別された．そのなかでも特に重要なのが，問題解決のプロセス全般を，"問題の理解"と"解決法の探索"という二つの下位過程に区別したことである．そして，"理解"と"探索"にもそれぞれの下位過程があり，それらの連鎖によって最終的に問題が解決されることが示されたのである．

2-2 エキスパート研究

その後，"解決には相当の知識が必要だが，その知識の範囲が明確である課題"（たとえば物理学，チェス）に研究の焦点が移行した．その結果盛んになったのが，"エキスパート研究"である．具体的には，①エキスパートの問題解決の特徴，②初心者がエキスパートに成長していく過程（熟達化），の2点が主な研究対象であった（たとえば，Chi et al., 1982）．

研究の結果，明らかにされたエキスパートの問題解決の特徴を以下に列挙する（伊藤，1993）．
- あくまでも"問題の理解""解決法の探索"という二大ステップを踏む．
- 問題の理解時に精緻化を行う．
- 解決法の探索時には，"前進方略"を用いる（初心者は，"ヒューリスティックス"や"後向き方略"を用いる）．
- メタ認知が非常に効いている．
- 問題領域におけるスキーマを豊富に持ち，スキーマ駆動型の問題解決を行う．

また，エキスパートになる過程（熟達化）について明らかにされたことを以下に列挙する（伊藤，1993）．
- 10,000時間程度の経験時間を要する．
- 問題解決後の"ルール帰納""教訓帰納"といったフィードバック作業を通じての，学習経験の"正の転移"が不可欠である．
- ①豊富な宣言的知識，②それが手続き化された手続き的知識，③それらの進行を制御するメタ認知的知識，の3種類の知識が，スキーマとして内的構造化されることが必要である．図2-1にエキスパート研究について簡単にまとめたので，参照されたい．

2-3 日常生活における問題解決

先述のとおり1980年代頃より，生態学的妥当性の高い研究が認知心理学において追究されるようになり，問題解決についても，人間の現実的な日常生活に即した研究が行われるようになった（たとえばLave（1988）の買い物行動についての研究）．日常生活における問題解決については，まだ一般理論が提出されるまでには研究が進んでいないが，多くの研究者は日常生活を扱う必要性

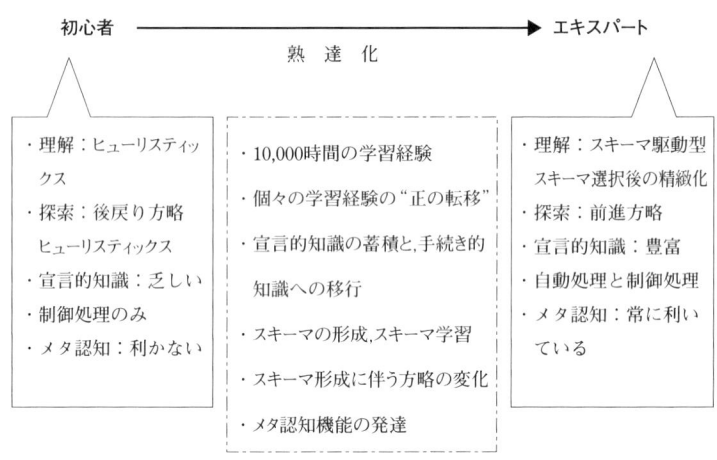

図2-1 初心者とエキスパートの対比・エキスパートになる過程

を述べるとともに，その特徴についても指摘している．それらをまとめると，日常生活における問題は，実験室課題と異なり構造化されていないことが多く，解決の際，経験的な手続き的知識が状況に応じて直接働くことが多い．日常生活の問題解決には，外的な制約が課されていたり，割り込み型であることが多いが，逆に他人や道具や書物など，外部から援助を受けて自分の解決能力を補うこともできる．さらに日常生活の問題解決においては，認知システムだけでなく，行動，情動，生理といった他の内的システムとの相互作用がより活発に行われる．また日常生活においては，安定した生活秩序自体を維持することが解決課題として考えられる（伊藤，2000）．

このように日常生活の問題解決は，これまでの実験室研究と共通する点と異なる点があると考えられるが，異なる点については今後の日常認知研究の成果を待ちたい．ただし，これまでの問題解決研究で実証的に明らかにされた点については，日常生活の問題解決に対しても適用できると考えられている（安西，1982）．

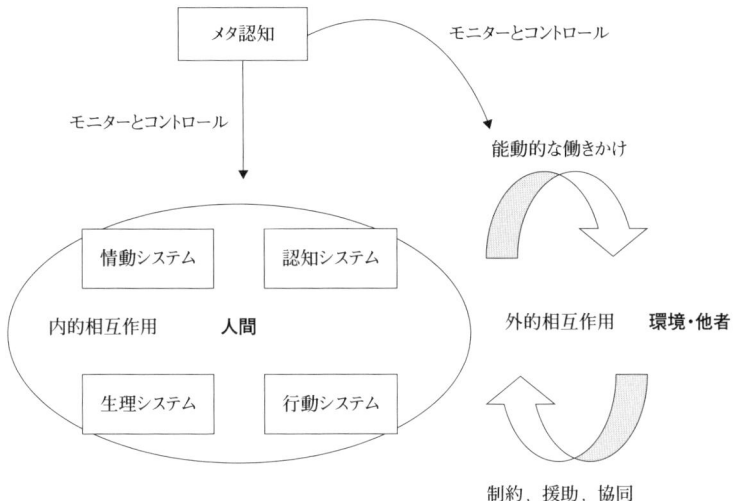

図 2-2 問題解決研究における人間観
人間は，内的相互作用と外的相互作用を能動的かつ柔軟に活用する"問題解決システム"である．その全過程をメタ認知機能がモニターし，コントロールしている．

2-4 問題解決研究における人間観

問題解決研究の嬉しい"副産物"として，"ポジティブな人間観"が挙げられる．すなわち人間の問題解決，とくにエキスパートや日常生活の問題解決を研究すればするほど，人間が問題解決システムとしていかに優れているか，ということが浮き彫りになり，それを多くの研究者が指摘している．たとえば安西（1985）は，問題解決者としての人間の機能的な特徴を，次の5点にまとめた．

①生きて働く記憶とイメージ，
②原因―結果，手段―目標の関係によって物事を理解する能力，
③問題を適切に表現するとともに，問題の表現形式をも創造する能力，
④知識のダイナミックス（人間は環境との相互作用のもとで，より広く知識を変化させられる），
⑤自己意識を問題解決のなかに織り込める能力．

他にも多くの研究者が問題解決者としての人間の特徴について述べているが，

それらをまとめると，"人間は生まれながらの能動的な問題解決システムであり，環境と相互作用しながら，メタ認知機能をフルに働かせることによりシステムの構造と機能を自ら発達させていく存在である"（伊藤，1993）ということであり，"人間は目標に向かいながら状況に応じてさまざまな機能を柔軟にかつ創造的に働かせることのできる有能な問題解決システムである"（伊藤，2000）ということになる（図2-2を参照）．そもそも問題解決研究自体が，"問題を理解し，目標を設定し，解決法を探索し，未来のプランを立て，解決を試みる"というプロセスを対象としており，非常に目的的である．したがって"過去の原因に現在の有り様が規定される人間"といった因果的見方ではなく，"未来の目的に引っ張られて現在を生きる人間"といった，目的的で前向きな人間観が出てくるのは，当然のことであるのかもしれない．このようなポジティブな人間観が，実証研究から導き出されたことは，非常に重要であると思われる．

3 認知行動療法における問題解決アプローチ

3-1 認知行動療法における問題解決の位置づけ

認知行動療法の最も重要な特徴は，問題解決アプローチを取るということであり，このことはほとんど全ての認知行動療法家が指摘している（たとえば大野，1989）．セラピーでは，クライアントがもともと持っている問題解決力を適切に再利用したり，問題解決のスキルを習得したりすることが重視される．したがってセラピスト自身が創造的な問題解決者であることを求められ，セラピーのプロセス自体も問題解決的な段階を踏む（Meichenbaum, 1985; Nezu et al., 2004）．

3-2 問題解決療法

認知行動療法のなかでも，D'Zurilla（1986; 1990）やNezuら（1989; 2004）は，問題解決アプローチ自体を，"社会的問題解決モデル"として定式化し，このモデルをセラピーに適用するための具体的方法を，"問題解決療法"として体系化した．社会的問題解決モデルにおける基本仮説は，"日常生活における人

表 2-1　問題解決療法の構成要素

1	問題解決的認知	①	問題の存在を認め,受け入れる
		②	問題に"チャレンジする"と考える
		③	要因は多岐にわたると考え,原因探しをしない
		④	"解決可能か否か"ではなく,"何ができるか"と考える
2	問題解決的スキル	①	問題を定義し,目標を設定する
		②	解決策をブレインストーミングによって案出する
		③	意思決定を行い,解決策を選択,合成,計画化する
		④	解決策を実行し,その結果を検証する

(伊藤, 2001)

間の問題解決力は,メンタルヘルスやストレス性疾患と大きく関連しあう"というものである.1970年以降,問題解決力とメンタルヘルスとの関連性を調べるさまざまな実証研究が行われ,この仮説を支持する結果が数多く報告されている(たとえば,Gotlib & Asarnaw, 1979; Heppner & Petersen, 1982).ストレスと問題解決に関する研究も多く行われ,たとえば,生活上のストレスに対して積極的な問題焦点型の対処をする人は,回避や感情発散によって対処する人に比べて,抑うつなどの精神症状や種々の身体症状を呈する可能性が有意に低いことが見出された(Billings & Moos 1985).また,離婚や失業など大きなライフイベントよりも,日常的で小さな問題の蓄積のほうが,ストレス性疾患に結びつきやすいことが実証的に示され(Nezu et al., 1989),ストレス対処における日常的な問題解決の重要性が明らかにされた.

以上の研究を受けて D'Zurilla や Nezu らは,社会的問題解決モデルとそれに基づく問題解決療法を提案したのである.その基本的な考えは,以下の2点に要約できる.

①日常生活上の諸問題を,その都度適切に認知し,解決することが,よりよいストレスマネジメントに結びつき,メンタルヘルスを向上させる.

②問題解決療法による社会的問題解決力の習得が,ストレス性疾患の治療やセルフコントロール力の向上を可能にする.さらに問題解決療法は,ストレス性疾患の一次予防,二次予防にも役立てることができる.

D'Zurilla らの問題解決療法の構成要素を,筆者がまとめ直したものを表2-1に示す.

問題解決療法は，認知とスキルの2つの要素から構成される．「問題解決的認知」とは，問題に対する望ましい認知的志向についてまとめたものである．「問題解決的スキル」とは，問題解決の実践のための手順を段階的に示したものである．問題解決療法では，まず認知をクライアントに教育し，その後段階的スキルの教育に移る．それは社会的問題解決場面においては，現実的で適応的な認知を持つことが不可欠であるという考えに基づく．実際に問題解決療法において，認知の教育を構成要素に含めた場合と，認知を省いてスキルだけを教育した場合では，前者のほうが有意に効果的であることがいくつかの研究で示されている（Nezu et al., 1989）．問題解決に対する適応的な認知が支えとなって初めて，スキルの効果的な実践が可能になるのである．

D'Zurilla や Nezu らの問題解決療法は，個人およびグループの臨床プログラムとして実践され，1980年代後半以降，効果研究が複数報告されている（たとえば Black & Threfall, 1986; Nezu & Perri, 1989）．それらの研究では問題解決療法が，大うつ病患者や肥満患者に対する介入法として効果的であることが，実証的に報告されている．境ら（2004）は，軽度うつ症状の問題解決療法の効果研究についてメタ分析を行い，対象が個人であれグループであれ，問題解決療法が効果的であること，フォローアップ時にもその効果が維持されることを確かめている．

このように問題解決療法は，認知行動療法における種々のアプローチのなかでも，有望な援助法であるのだが，モデルや方法そのものの実証的な裏づけという点では，いささか弱いのではないかと筆者は考えている．これは認知行動療法全般に言えることだが，効果が実証的に示されることと，援助理論そのものが実証的に裏づけられていることとは，別に考える必要がある．問題解決療法の提唱者である D'Zurilla や Nezu らは，彼らの問題解決理論と認知心理学における問題解決研究とは別であると述べている（たとえば，D'Zurilla, 1986）．その理由として挙げられているのが，認知心理学の実証研究は，あくまでも実験室研究であり，現実的な日常生活に即していないからだということである．また認知心理学で示しているのは，人間の問題解決についての"記述モデル descriptive model"であり，問題解決療法で示しているのは，「どのように問題を解決すれば良いか」という"規範モデル normative model"であるので，

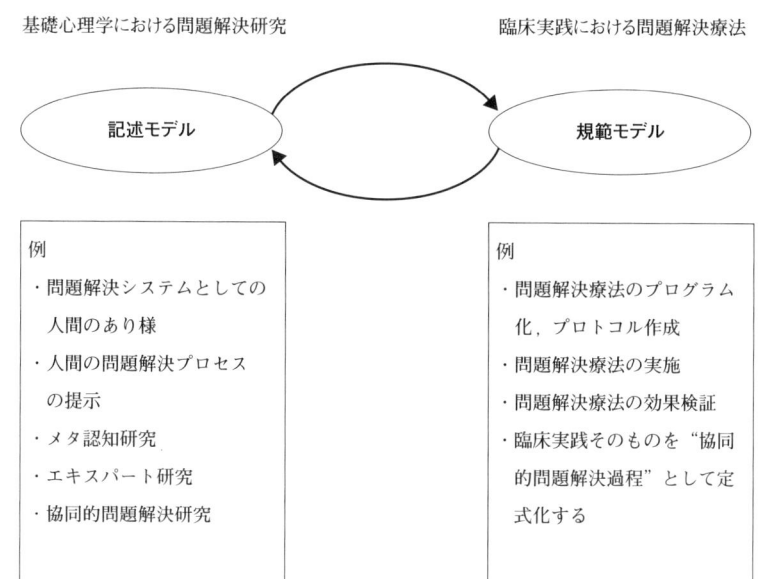

図2-3 問題解決研究と臨床実践とのインタラクション

両者は異なる，ということである．

しかし先に述べたとおり，認知心理学における研究自体が生態学的妥当性の高い日常認知を志向しはじめていること，認知行動療法の提唱者自身が，認知行動療法は今後さらに実証的心理学とのインタラクションを図るべきであると述べ始めていること（Beck, 1991）を考えると，問題解決療法についても，やはり認知心理学における問題解決研究の成果を，その援助理論や援助モデルに採り入れる方向でいくほうが，両者にとって実りが多いものと思われる．実際，認知心理学の問題解決研究で示された理論と，問題解決療法における理論に，相違点や矛盾点は見当たらない．そうであれば両者の統合を図ることを改めて検討してみても良いのではなかろうか．

また D'Zrilla (1986) は，記述モデルと規範モデルの違いを挙げて，両者を区別することを主張しているが，筆者はむしろ認知心理学の問題解決研究における記述モデルを，問題解決療法における規範モデルとして採り入れることを提案したい．なぜなら問題解決療法をはじめとする認知行動療法において援助

目的としているのは，"自己実現"といった抽象的で非現実的な概念ではなく，"クライアントが日常生活で普通に機能できるようになること"という，ごく現実的で妥当な状態像である（伊藤，1993）．とすれば，認知心理学の問題解決研究で描かれる"創造的で柔軟な問題解決システムである人間"（図 2-2 を参照）としての機能を回復，習得できれば，それで十分であると言える．実際に図 2-2 で描かれている相互作用モデルは，認知行動療法でアセスメントを行う際に用いられる認知行動療法の基本モデルとほとんど同じである（伊藤，2005）．以上に述べて規範モデルと記述モデルのインタラクションについて，図 2-3 に示したので参照されたい．

　筆者は臨床心理士として実際に臨床活動を行う者であるが，以上のような視点から問題解決アプローチを実践している．次節では，問題解決療法を用いた事例を簡単に示し，認知心理学の問題解決研究からの解説を試みる．

4　認知心理学と認知行動療法のインターフェースとしての問題解決療法

4-1　事例紹介：問題解決アプローチによる認知行動療法

　事例は筆者（以下 Th. と記載）が以前勤務していたメンタルクリニックで実施されたものである．クライアント（以下 Cl. と記載）は 40 代男性の会社員，主訴は頭痛であった（内科，脳神経外科的所見は特になし）．主訴は 3 年前に発生し，Cl. はひたすらその解消を求めて，さまざまな医療機関を受診し，投薬治療などを受けていたが，症状に全く変化がなく，心療内科医の勧めで認知行動療法を開始することになった．「特に原因となるストレスはない」と不服そうであった Cl. に対し，Th. は，「原因がどうであるかというより，あなたの頭痛が現在どうであるか，ということを観察して調べてみませんか？」と提案し，自己観察課題を導入した．Cl. による自己観察内容の報告は，面接回数が進むにつれて精緻化され，Cl. 自身の「緊張していると頭痛が起きるようだ」との気づきが得られた．そこで Th. は「緊張への対処法を習得することを，このカウンセリングでの目標にしませんか？」と提案し，合意された．その後 Cl. は，呼吸法など複数の緊張対処法（リラクセーション法）を習得し，結果

的に頭痛は解消された．

　主訴が解消された時点で，Th. は Cl. に対し，問題解決療法のマニュアル（伊藤，2006）を渡し，このような問題解決的な考え方と方法で，面接を進めてきたことを説明したところ，Cl. は「こういうことは，ふだん仕事でやっている．それが生活面で使えるとは思わなかった．面白い」との感想を述べた．その後 Cl. は，身体の痛みをストレスの表現とみなし，自ら問題解決法を実施するようになり，フォローアップ面接を経た後にカウンセリングを終結とした．面接の期間は約 1 年 2 ヶ月間，面接回数は 15 回であった．

4-2　問題解決研究に基づく事例の解説

　上に紹介したのは，問題解決アプローチに基づいたシンプルな認知行動療法の事例であるが，認知心理学の問題解決研究を参照しながらこの事例について考えてみたい．まず，Cl. は面接開始前には，受診や服薬などによる解決をひたすら求めていたが（**解決法の探索**），主訴には変化がなかったと訴えていた．Th. の提案により，きめ細かく自己観察を行ったことにより（**"問題の理解と精緻化"は"解決法の探索"に先行する**），Cl. 自身が頭痛に関連する緊張という新たな問題に気づくことができた（**適切な問題の定義**）．そこで目標が設定され，緊張への対処ができるようになり（**解決法の探索とその成功**），この時点で，Th. はこれまで実施してきたことを，"問題解決法"という一つの構造化された知識として Cl. に示したところ（**教訓帰納，スキーマ学習**），「仕事でやっていることと同じ」との気づきを得，さらにその方法を生活全般に般化させていき（**正の転移**），緊張のモニターとセルフコントロールが可能になった（**メタ認知能力の向上**）．Cl. の主訴解消に向けて，Th. と Cl. ははじめ"チーム"として問題解決を目指したが（**協同的問題解決**），Cl. が問題解決法を習得し，生活に般化できるようになった時点で，事例は終結となった（**Cl. の問題解決者としての熟達化**）．事例開始から終結の 1 年 2 ヶ月間は，睡眠時間を差し引くとおよそ 7,000 時間で，すでに仕事で問題解決法を実施していた Cl. が，ストレスに対する問題解決のエキスパートとして成長するためには，妥当な時間であったと考えられる（**10,000 時間がエキスパートになるための目安**）．フォローアップ時および終結後も症状は再発せず，Cl. が良好なメンタルヘル

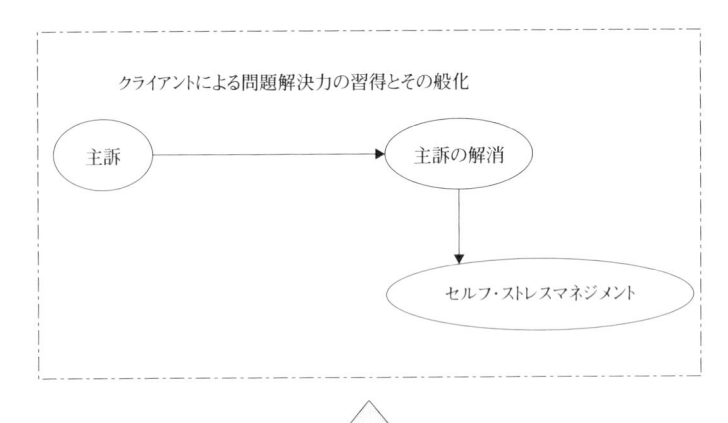

```
    クライアントによる問題解決力の習得とその般化

     主訴  ──────→  主訴の解消
                         │
                         ↓
                  セルフ・ストレスマネジメント
```

△

クライアントとセラピストによる協同的問題解決過程

図 2-4　認知行動療法における問題解決の二重構造

スを保っていることが確認されたが,このことは Cl. が自分自身のストレスに関する問題解決のエキスパートとして成長したことの現われであると考えられる(**エキスパートは初心者に後戻りすることはない**).

　このように事例を認知心理学の問題解決研究から見てみると,Cl. が Th. と協同して,適切なやり方で問題解決を実践していくうちに,Cl. 自身が自分のストレス問題に対するエキスパートとして成長していったプロセスが明確になる.また,問題解決療法が Cl. の主訴解消の援助になったのはもちろんであるが,さらに事例全体を一つの問題解決モデルとしてとらえることもできる.認知行動療法が実施される事例のほとんどは,このように,"Cl. 自身の問題解決力の習得とその般化"と,"クライアントとセラピストによる協同的問題解決過程"という問題解決の二重構造によって成り立つのではないかと思われる(図 2-4 参照).その意味でセラピストに求められるのは,セラピスト自身が有能な問題解決者として機能し,クライアントとの協同的問題解決を展開していくことであると言える.

5　課題と展望：実証に基づく問題解決療法

　以上,認知心理学における問題解決研究を,問題解決療法をはじめとした認

知行動療法に活かすための考え方を，大雑把ながら述べてみた．実証に基づく臨床心理学とは，効果を実証的に示すだけではなく，その援助理論やモデル，さらにはその援助理論における人間観までをも，実証研究とのインタラクション上で考える必要があると筆者は考える．認知心理学における問題解決研究の記述モデルは，日常生活にそのまま活かせるまでには成熟していないが，モデルや援助法の裏づけとして使える研究結果や概念がたくさん埋まっている"宝の山"のように思われる．今後，特に期待したいのは，一人で行う問題解決だけでなく，対話などの協同作業を通じて実施される問題解決のモデル化である（小谷津, 1996）．上でも示した通り，現場で行われる臨床実践は，すべてセラピストとクライアントによる協同的な問題解決過程であると考えられるからである．

参考文献

安西祐一郎 1982 問題解決の過程．波多野誼余夫（編）認知心理学講座第4巻：学習と発達．東京大学出版会．

安西祐一郎 1985 問題解決の心理学．中央公論社．

Beck, A. T. 1991 Cognitive therapy as the integrative therapy. *Journal of Psychotherapy Integration*, **1**, 191-198.

Billings, A. G. & Moos, R. H. 1985 Psychosocial processes of remission in unipolar depression: Comparing depressed patients with matched community controls. *Journal of Consulting and Clinical Psychology*, **53**, 314-325.

Black, D. R. & Threfall, W. E. 1986 A stepped approach in weight control: A minimal intervention and a bibliotherapy problem solving program. *Behavior Therapy*, **14**, 100-109.

Chi, M. T. H., Glaser, R., & Rees, E. 1982 Expertise in problem solving. In R. J. Sternberg (ed.), *Advances in the psychology of human intelligence*. Erlbaum.

Crits-Christoph, P., Frank, E., Chambless, D. L., Brody, C., & Karp, J. F. 1995 Training in empirically validated treatments: What are clinical psychology students learning? *Professional Psychology*, **26**, 514-522.

D'Zurilla, T. J. 1986 *Problem-Solving Therapy*. Springer.（丸山 晋（監訳）1995 問題解決療法．金剛出版．）

D'Zurilla, T. J. 1990 Problem-solving training for effective stress management and prevention. *Journal of Cognitive Psychotherapy*, **4**, 327-354.

古川壽亮　2000　エビデンス精神医療：EBP の現場から臨床まで．医学書院．

Gotlib, I. H. & Asarnaw, R. F.　1979　Interpersonal and impersonal problem solving skills in mildly and moderately depressed university students. *Journal of Consulting and Clinical Psychology*, **47**, 86-95.

Greeno, J. G.　1983　Response to Phillips. *Educational Psychologist*, **18**, 75-80.

Heppner, P. P. & Petersen, C. H.　1982　The development and implication of a personal problem solving inventory. *Journal of Counseling Psychology*, **29**, 66-75.

市川伸一　1991　実践的認知研究としての「認知カウンセリング」．箱田祐司（編）認知科学のフロンティアⅠ．サイエンス社．

伊藤絵美　1993　日常生活におけるメンタルヘルス的問題解決スキーマの形成．慶應義塾大学大学院社会学研究科修士論文．

伊藤絵美　1994　認知心理学と認知療法の相互交流についての一考察："問題解決"という主題を用いて．慶應義塾大学大学院社会学研究科紀要，**40**，1-8.

伊藤絵美　2001　心身症の治療 25：問題解決療法．心療内科，**5**，256-260.

伊藤絵美　2000　心理療法，ストレスマネジメント，メンタルヘルスのための問題解決に関する研究．慶應義塾大学大学院社会学研究科学位論文．

伊藤絵美　2005　認知療法・認知行動療法カウンセリング初級ワークショップ．星和書店．

伊藤絵美　2006　認知療法・認知行動療法 面接の実際．星和書店．

海保博之　1997　「温かい認知」の心理学：認知と感情の融接現象の不思議．金子書房．

小谷津孝明　1996　電話相談と認知療法：逐次的問題解決とその評価．大野 裕・小谷津孝明（編），認知療法ハンドブック（上）．星和書店．

Lave, J. 1988 *Cognition in practice: Mind, mathematics and culture in everyday life*. Cambridge University Press.（無藤 隆・山下清美・中野 茂（訳）　1995　日常生活の認知行動：人は日常生活でどう計算し，実践するか．新曜社．）

Mandler, G.　1985　*Cognitive psychology: An essay in cognitive science*. Erlbaum.（大村彰道・馬場久志・秋田喜代美（訳）　1991　認知心理学の展望．紀伊國屋書店．）

Meichenbaum, D.　1985　*Stress inoculation training*. Pergamon Press.（上里一郎（監訳）1989　ストレス免疫訓練．岩崎学術出版社．）

Newell, A. & Simon, H. A.　1972　*Human problem solving*. Prentice-Hall.

Nezu, A. M., Nezu, C. M., & Perri, M. G. 1989 *Problem-solving therapy for depression.* Wiley.（高山　巌（監訳）1993　うつ病の問題解決療法．岩崎学術出版社．）

Nezu, A. M., Nezu, C. M., & Lombardo, E.　2004　*Cognitive-behavioral case formulation and treatment design: A problem solving approach.* Springer.

Nezu, A. M. & Perri, M. G.　1989　Social problem-solving therapy for unipolar depression: An initial dismantling investigation. *Journal of Counseling and Clinical Psychology,* **57**, 408-413.

大野　裕　1989　展望：認知療法．精神医学，**31**，794-805．

境　泉洋・佐藤　寛・松雄　雅・滝沢瑞枝・富川源太・坂野雄二　2004　軽度うつ症状に対する問題解決療法の有効性：メタ分析による検討．行動療法研究，**30**，43-53．

VanLehn, K.　1989　Problem solving and cognitive skill acquisition. In M. I. Posner (ed.), *Foundations of cognitive science.* MIT Press.（佐伯　胖・土屋　俊（監訳）1996　認知科学の基礎3：記憶と思考．産業図書．）

第3章

認知リハビリテーションと認知心理学

梅田　聡

1　はじめに

　脳の局所的な損傷に伴い，それまでには障害のなかった記憶，注意，言語，情動といった，日常生活を営む上で必要とされる認知機能に何らかの支障が現れることがある．これまで，「認知心理学」の分野では，こうした各側面の基礎的なメカニズムを探るための多様な研究が数多く行われてきたが，その障害については，主に「神経心理学」という別の学問分野で詳しく検討されてきた．欧米では早くから認知心理学と神経心理学を統合した研究が行われてきたが，日本では，両者は心理学と医学の分野において，比較的独立に発展してきたため，統合的な視点からの研究や議論が十分に行われていなかった．近年になって，ようやく「認知神経心理学」や「高次脳機能障害」という用語が社会的に広く認知されるようになったことからもわかるように，日本における脳損傷患者に対するケアは，欧米と比較すると遅れ気味であると言わざるを得ない．

　本章では，そうした高次認知に障害を持つ患者の機能回復支援にあたる「認知リハビリテーション」について詳しく解説する．まずはじめに，認知リハビリテーションの研究の背景について触れ，次いで，認知障害の把握の仕方や一般的な方法論について述べる．そして，主な障害の一つである記憶障害を取り上げ，具体的な訓練方法とそこから得られたデータを示し，日常生活における回復の程度について述べる．

2　認知リハビリテーションとは

　認知リハビリテーションの主な対象となるのは，脳損傷に伴う非進行性の認

知障害を伴う患者である．認知リハビリテーションの元となる考え方を最初に定式化したのは，ルリア（Luria, 1948; 1963）である．ルリアは，回復を支えるのは基本的には「代償的処理」であり，機能の回復とは，中枢神経システムの再生（regenerate）による，障害された機能を損傷前の状態に戻すことではなく，残存する神経ネットワークによる再構成（reorganization）をもとにして，障害された機能を別の手段や方法で補い，損傷前と同様の効果が得られる状態に回復させることであると主張した（Robertson & Wilson, 2001）.

代償行動の獲得を考える際にまず重要になるのは，患者の障害の質的・量的側面の正確な把握である．このことは同時に，残存する認知処理の把握を意味する．認知機能を正確に把握するため，多くの臨床場面では，標準化された知能検査，記憶検査，言語機能検査や，一般的な各種神経心理検査を用いることが多い．しかしながら，特殊な障害の場合には，これらの標準的な検査バッテリーでは障害を検出することができず，特殊な用途向けに考案された検査や実験を用いることも多い．目的となる行動の獲得に，どのような代償処理が可能なのかは，残存する認知機能によって決められるため，こうした検査や実験を通しての正確な残存機能の把握は，認知リハビリテーションの基礎として極めて重要な意味を持つことになる．

また，脳損傷患者における代償行動の獲得には，患者の年齢，脳損傷の程度，損傷前のパーソナリティ，家族による支援の可能性など，さまざまな要因が関与している．そのため，リハビリテーションによる機能回復の成功率も一概に高いとは言えないのが現状である．しかしながら，これまでの研究から，より効果的な機能回復を考える際にどのような点に留意すべきかについて，多くのヒントとなる証拠が得られている．

脳の損傷を受けた場合，その部位によって障害される認知機能はさまざまである．そのため，認知リハビリテーションの方法は，回復させようとする機能によって，さまざまな種類に分けられる（鹿島・加藤・本田，1999）．認知リハビリテーションの対象となる主な障害としては，言語障害，注意障害，記憶障害，視空間認知障害，遂行機能障害，情動障害，行動障害などが挙げられる．

表3-1に示すのは，Oddy et al.（1985）が報告したデータであり，外傷性脳損傷を受けた7年後に患者が報告する症状の集計結果である．表の左半分が患

第3章 認知リハビリテーションと認知心理学

表 3-1 外傷性脳損傷患者の日常生活における障害 (Oddy et al., 1985)

患　者	%	家　族	%
物事が思い出せない	53	物事が思い出せない	79
集中できない	46	集中できない	50
アルコールの影響を受けやすい	38	話ができない	50
物をひっくり返しやすい	31	アルコールの影響を受けやすい	43
かっとなりやすい	31	物事に興味が持てない	43
物事に興味が持てない	28	疲れやすい	43
整頓好きになった	28	せっかちになった	43
道に迷いやすい	28	幼稚な振る舞いをする	40
視力の低下	28	整頓好きになった	40
会話についていけない	28	困難を受け入れない	40

者本人によって訴えられた症状を，右半分が患者の家族によって訴えられた症状を表している．この表から，脳損傷後の後遺症は，認知の障害や人格の障害など，多岐に及んでいることがわかる．しかしながら，一方で，損傷の部位に関係なく，共通して報告される日常生活の障害があることも事実である．この表で注目すべき結果は，患者本人および家族による報告の中で最も多かったのが「物事が思い出せない」という記憶に関する障害であったことである．記憶処理の神経基盤として認識されている部位に目立った損傷が見られない場合でも，外傷性脳損傷に伴う瀰慢性軸索損傷などの結果として，記憶の処理機能に低下が示されるケースは実際のところ非常に多い．そのような意味で，損傷の部位にかかわらず，記憶のリハビリテーションは特に必要性が高いといえる．

そこで以下では，記憶のリハビリテーションに関する理解を深めるため，その理論と方法について概観する．そして，筆者らが行った「展望記憶のリハビリテーションによる回復支援」に関する研究成果を示す．次いで，「リハビリテーションによる作動記憶の改善」に関する脳機能画像法を用いた近年の研究成果について触れる．

3　記憶障害とは何か

我々は日常生活の中で，絶えず過去の経験やそこから得られた知識をもとに，次にとる行動を決定している．その意味で，記憶の情報処理は，日常生活にお

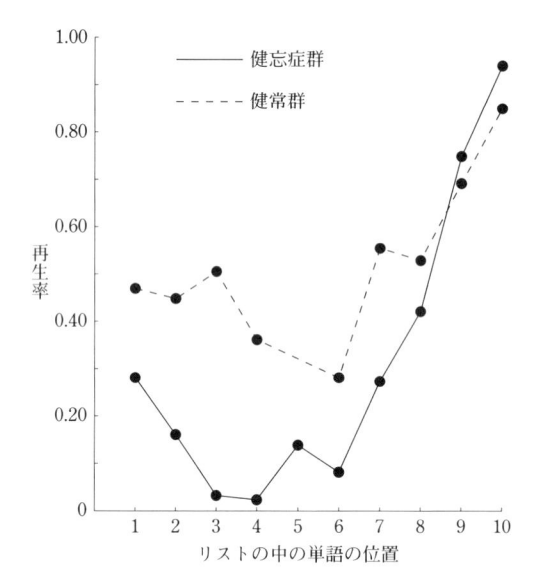

図 3-1 健常者と健忘症患者における記憶の系列位置曲線
(Baddeley & Warrington, 1970; Parkin, 1987)

いて必要不可欠であるといえる．それは同時に，記憶に障害があると，さまざまな面で日常生活に支障をきたす可能性を高めることを意味する．これまでの認知心理学および神経心理学の研究では，情報の保持時間の長さ，処理の意識性，内容の特殊性といったさまざまな次元から記憶の分類が進められている．そして，このような記憶の分類の多くは，健常者に加えて，記憶障害の視点から得られた知見によって支持されているものが多い．

最も広く知られている記憶の分類概念のひとつに，「短期記憶」と「長期記憶」というモデルがある（Atkinson & Shiffrin, 1968）．このモデルの妥当性を支持する重要な証拠となったのは，記憶障害のデータであった（Baddeley & Warrington, 1970）．図 3-1 には，健常者と健忘症患者の系列位置曲線が描かれている．系列位置曲線とは，学習リスト内の位置を基準にした再生率の曲線であるが，短期記憶の成分を反映するとされるリスト最後の部分の再生（新近性効果）は，健常群と健忘症患者群ともに高く，両者間に差がない一方で，長期記憶の成分を反映するとされるリスト最初の部分の再生率（初頭効果）を見ると，

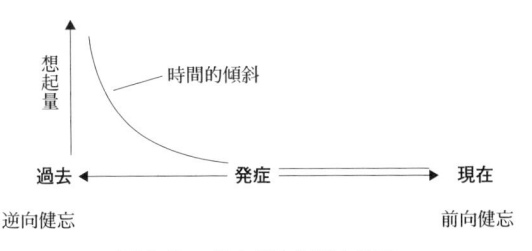

図 3-2　前向健忘と逆向健忘

健忘症患者において顕著に低下していることがわかる．この結果は，健忘症患者が長期記憶のみに困難を示すものと解釈でき，このような結果から，短期記憶と長期記憶という「二重貯蔵モデル」が支持されるに至ったのである．

では，記憶障害にはどのようなタイプがあり，一般にどのような症状を呈するのであろうか．記憶障害である健忘症は，大きく分けて，心因性健忘と器質性健忘に分けられる．前者は，基本的には脳に障害がなく，心的ストレスなどを原因として発症するのに対し，後者は，脳に障害があり，それが原因で健忘症状が現れる．器質性健忘で比較的多く観察されるのは，①側頭葉内側部（海馬とその周辺部位）の損傷を伴う側頭葉性健忘，②乳頭体や視床背内側核などの損傷を伴うコルサコフ症候群，③前脳基底部の損傷を伴う前脳基底部健忘である．

これらの各タイプによって記憶障害の質や程度に違いはあるものの，器質性健忘の症例に比較的共通して見られる障害や特徴もある．それらの障害とは，①短期記憶や手続き記憶（動作や技能などの記憶）の障害は顕著でなく，知能や言語なども正常範囲内である，②発症後に起こった事象についての記憶が障害される「前向健忘」が認められる，③発症前に起こった事象についての記憶が障害される「逆向健忘」が認められる，④逆向健忘において，過去に遡るほど想起できる情報量が増える「時間的傾斜」が認められる，などである（図3-2）．また，多くの健忘症例では，エピソード記憶の障害を示すことが多いが，側頭葉性健忘などでは，重篤な意味記憶の障害を示すこともある．

4 記憶障害に対するリハビリテーション

どのような記憶のリハビリテーションが有効であるかは，記憶障害の質や程度によって異なる．実際，日常生活における支障にもさまざまなレベルがあり，「日常場面で支障が多く，勤務にはつけない」というレベルから，「日常場面では大きな支障はなく，主に高度な仕事が要求される勤務場面においてのみ障害が目立つ」というレベルまで，患者の生活スタイルによって障害の認識程度に違いが出てくる．そのため，日常生活において，本人もしくは家族が支障と感じる行動を対象として，その改善を目標としたリハビリテーションプログラムを考案するのが肝要である．さらに，前頭葉損傷に伴う患者を対象とする場合，健忘症状は軽い一方で，注意や言語の処理機能が低下しているケースが多い．そのため，記憶以外の機能のリハビリテーションを同時並行的に実施する場合もある．一般に，記憶障害に対するリハビリテーションには，数多くの方法が存在するが，ここでは実践的に用いられている6つの方法について取り上げる (Wilson & Moffat, 1992; 鹿島・加藤・本田, 1999)．

第1の方法は，反復訓練法（repetitive practices and exercises）である．これは直接刺激法と位置づけられており，「訓練によって記憶の能力は促進する」という考え方に基づく古典的方法である．ある訓練課題を用いて，条件を徐々に高度にしながら繰り返し実施することにより，患者の記憶回復を試みる方法である．しかしながら，近年，この方法には批判も多く，訓練の効果が，用いた刺激に限定され，一般的な回復には結び付いていないなどの疑問が呈されている．

第2の方法は，環境調整法（environmental adaptations）である．この方法は，記憶障害を持つ患者にとって負担となるような生活環境自体を改善するというものである．例として，物をしまった場所がわからなくならないように，タンスの引き出しにメモ書きをしたり，色をつけたりすること，居場所がわからなくならないように，廊下にラインを引いておくこと，など記憶の負担を軽減するような環境作りがこの方法に該当する．また，認知スタイルを改善することが可能だと考えられる患者の場合には，「あることを行う必要が生じたら

すぐに実行する」という習慣を身につけさせることで，記憶への負担を軽減させるような方法も有効である．

第3の方法は，外的記憶補助法・外的方略法（external memory aids/external strategies）である．これは記憶障害に限らず，多くの健常者も利用しているような手帳やメモを用いる方法である．健常者の場合は，予定の内容を思い出すことができないときに，手帳を見るという手段を自発的に思いつくことが多い．しかしながら，記憶障害を持つ患者にとっては，それまで用いていた外的補助と異なったものを用いる場合は，特にその方略を用いること自体を記憶にとどめる訓練が必要となる．訓練によって外的な補助を用いることが定着すれば，日常生活のレベルが向上する可能性が高まる．

第4の方法は，記憶術・内的方略法（mnemonic or internal strategies）である．これは第3の方法と同様，健常者も利用する方法である．この方法に該当する視覚イメージ法（visual imagery techniques）の一種である顔─名前連想法では，顔における特徴的な部分（例えば大きな目）と，その人の名前（梅田なら梅の木と田んぼ）とを結びつけて覚える．例えば，田んぼの真ん中に梅の木が立っており，その下に大きな目の人がいるイメージを浮かべる．また，ペグワード法（peg-word method）では，あらかじめ番号数字と韻をふむ具体物（1ならば家）を覚えておき，記憶すべき項目と結びつけて覚える．例えば，にんじんを買うことを覚えておく場合，「にんじんだらけの家」をイメージして覚えれば，常に使う「家」という手がかり（ペグワード）から，「にんじんだらけの家」を思い出すことができ，にんじんを買うことを思い出せる．これらの方法は外的な記憶手段を用いないことから，記憶術あるいは内的方略法と呼ばれているのだが，重篤な記憶障害を持つ患者には，訓練によるこれらの方法の定着は困難である場合が多く，効果については否定的な見解もある．

第5の方法は，手がかり漸減法（method of vanishing cues）である．この方法は，患者の記憶可能範囲を考慮し，訓練によって徐々にその範囲を広げていく方法である．例えば，「ものほしざお」という単語を覚える課題で，最初の試行でこれを思い出せない場合は，「ものほしざ」を手がかりとして与えることから始め，次いで「ものほし」「ものほ」「もの」「も」と徐々に手がかりを減らし，最後には手がかりなしで思い出せるように訓練する．この方法は標

準的な反復訓練法よりも効果的であることが指摘されているが（Glisky & Schacter, 1987），一般的な記憶の回復効果に疑問を呈する意見もあり，広く普及されるには至っていない．

そして，第6の方法は，誤りなし学習法（errorless learning）である．これは方法論というよりも，訓練のコンセプトとして位置づけられるものであり，間違いの多い（errorful）学習訓練を数多く行うよりも，間違いのない（errorless）学習訓練を適度な頻度で行う方が効果的であることを主張するものである．第1の方法として取り上げた反復訓練法は，いわば記憶を筋肉のように捉え，試行錯誤をしながら繰り返し訓練を行うことが効果的であることを主張するものであった．しかしながら，Baddeley & Wilson（1994）は，こうした単純な反復訓練よりも，誤りがない程度のレベルの学習を適度な頻度で行うことの方が，訓練を受ける者の動機づけの低下を防ぐことができ，結果的には回復の程度が高いという結果を報告している．

このように記憶のリハビリテーションには，さまざまなタイプが存在するが，前述の通り，障害の程度や質によってその効果に違いが現れるのも事実である．各患者の生活レベルの向上という目的に応じた，無理のないリハビリテーションプログラムを考案することが重要である．

ここまで，記憶のリハビリテーションの概論を述べてきたが，ここで具体的な事例として「展望記憶」の回復支援を取り上げ，その方法論と評価法の詳細を示したい．

5 展望記憶とは何か：日常生活で必要なスキル

日常生活で必要とされる記憶の能力は，大別すると2つのタイプに分けられる．ひとつは，過去に起こった出来事や，過去に覚えた知識を思い出す能力であり，回想記憶（retrospective memory）と呼ばれるものである．もうひとつは予定や約束の記憶，すなわち今後しなければならないことを思い出す能力であり，展望記憶（prospective memory）と呼ばれるものである（Brandimonte, Einstein, & McDaniel, 1996）．記憶障害の程度について調べるための多くのテストや課題では，単語や物語の再生課題や再認課題に代表されるように回想記憶

の能力が対象とされている．しかしながら，日常生活では，例えば，お湯を沸かそうとしてつけた火をあとで止める，スーパーマーケットに行って複数の買い物をする，家族が帰ってきたら〇〇さんから電話があったことを伝える，食事が終わったら薬を飲むなど，回想記憶よりもむしろ展望記憶の能力が必要とされる場面が多い．展望記憶の能力は，日常生活を円滑に営むために必要不可欠であるといっても過言ではない．また，認知症のごく初期段階において，他の認知障害が目立たない段階でも，展望記憶の失敗が気づかれ，それが症状の診断指標となるという報告もあり（Huppert & Beardsall, 1993），展望記憶が日常生活で必要とされる特殊な能力の一つであることがわかる．

　では，展望記憶と回想記憶では，どのような点に違いがあるのだろうか．「未来の記憶」であれば，そのすべてが展望記憶の対象というわけではなく，以下に挙げる3つの条件を同時に満たす必要がある．その3つの条件とは，①記憶の対象が未来に行うことを意図した「行為」であること，②行為を意図してからそれを実行に移すまでの間に，ある程度の「遅延期間」があること，③その遅延期間の間に，一度その意図の存在を意識しない状態になり，再度それを「タイミングよく自発的に想起」する必要があること，である．

　特に，3番目の特徴である「想起のタイミング」は，展望記憶の持つ最も重要な特徴であるといえる．例えば，23時の終電に乗らなければならない場合に，23時を過ぎてからそのことを思い出したのでは手遅れである．なぜ想起のタイミングが重要かというと，タイミングよく想起する際に，通常の記憶補助の利用は有効ではないからである．健忘症患者だけでなく，健常者にとっても手帳やカレンダーなどの記憶補助は有効なものであるが，その効果には限界がある．多くの記憶補助は行為の内容を想起する際に手がかりになるものの，その手がかりがタイミングよくその行為を想起させてくれるわけではない．携帯電話についているアラームなどをセットして，ある時刻になったら知らせてくれるような場合，行為の想起を直接促してくれる手がかりになるが，通常，手帳などの記憶補助はそういう機能は持っていない．

　展望記憶に必要とされる処理を整理すると，意図の想起には，2つのタイプの想起が必要とされる（梅田，2003；梅田・小谷津，1998）．そのひとつは，「何か行うべき行為がある」ということの想起である．これは「存在想起」と呼ば

れ，記憶の処理要素の中でも特に自発性やタイミングと深く関連する処理要素である．もうひとつは，「具体的に何を行うか」ということの想起である．これは「内容想起」と呼ばれ，記憶補助に依存することのできる処理要素である．読者の皆さんも，多かれ少なかれ「何かやらなければならないことがあったのだが，何をやるべきか思い出せない」という経験をしたことがあるだろう．これはまさに存在想起のみができており，内容想起に失敗している状態である．

では，どのような課題を用いれば，存在想起と内容想起という2つの要素が含まれていることを明らかにすることができるのだろうか．筆者らは「ブザー課題」と呼ばれる課題を用いて，この2つの要素がそれぞれ独立した神経基盤を持つ可能性を示した（梅田・加藤・三村・鹿島・小谷津，2000）．この課題では，まず開始時に「実験中にこのブザーが鳴ったら手を叩いてください」と参加者に伝え，実際にブザーの音を聞かせる．そして，実験開始から20分が経過した時点でブザーを鳴らし，参加者が手を叩くかどうかを見る．もしブザーが鳴っても参加者が何もしない場合には，「何か忘れていませんか」（プロンプトA）という手がかりを与える．それでも思い出せない場合には，さらに「あることをお願いしたのですが」（プロンプトB）という手がかりを与える．そして，参加者がどの時点で手を叩くかによって成績をつける．その結果，健常者はブザーが鳴った時点で，すぐに全員が手を叩くことができたが，半数を超える健忘症（コルサコフ症候群）患者は，ブザーが鳴った時点で，手を叩く以外のパフォーマンスを示した．すなわち，ブザーが鳴ったら何かを行うということは想起できても，それがどんな行為であったかを正しく想起することはできなかったのである．健忘症を対象としたこのような研究によって，存在想起と内容想起が独立した要素であることが明らかになったのである．

6　展望記憶の回復支援

前述のように，展望記憶の障害は日常生活において大きな支障となりうるため，リハビリテーションによる回復の支援は重要な意味を持つことになる．これまでに行われたいくつかの研究でも，訓練によって展望記憶のパフォーマンスが改善されることが示されている．例えば，Sohlbergらは，展望記憶訓練

(Prospective Memory Training；以下 PMT）を用いた一連の研究成果を示している．PMT では，ある時刻に特定の行為を実行させる課題を用いるが，記憶障害を持つ患者でも，数ヶ月の訓練で，時刻や行為の内容を思い出すパフォーマンスに改善が見られたことを報告している（Sohlberg, White, Evans, & Mateer, 1992a）．さらに，何分経過すると想起できなくなるかという展望記憶閾を測定指標として取り入れた訓練を行った結果，あらかじめ測定した参加者の展望記憶閾よりも，1 分あるいは 6 分長い遅延時間で想起させる訓練が有効であることも示された（Sohlberg, White, Evans, & Mateer, 1992b）．

　これらの結果は，いずれも展望記憶訓練が有効であることを示しており，重要な成果であると評価できる．しかしながら，Sohlberg らの PMT では，存在想起の障害が顕著な患者と内容想起の障害が顕著な患者が区別されておらず，同じリハビリテーションを施している点に問題がある．患者の残存する能力を最大限に活かすためには，存在想起と内容想起の障害を明確にし，患者一人一人に適切なリハビリテーションを施行することが必要である．これまでの研究から，存在想起は主に前頭葉機能と，内容想起は主に海馬を含む側頭葉内側部機能と深い関係があることが示されている．もしこの理解が正しければ，たとえ類似した健忘症状を呈する患者であっても，損傷部位が異なれば，リハビリテーションの方法や効果も変わってくるということがいえる．それを実際に確かめるために，筆者らは，前頭葉損傷患者と側頭葉損傷患者を対象として，展望記憶のリハビリテーションを行い，実際の効果を確かめた（Umeda, Nagumo, & Kato, 2006）．

　訓練に用いた課題は，「ミニデー課題」という独自の課題である．この課題では，まず患者にとって日常的な行為をあらかじめ調べておき，それらの行為 5 つを実際の予定として覚えるように努力してもらった．次に，朝 8 時から夜 8 時までを 30 分ずつに区切り，各時刻を示すアナログ時計の絵（8 時，8 時 30 分，9 時，9 時 30 分……）を 5 秒ずつ，時間順に提示し，時計が示す時刻に行うべき行為があるかどうか，ある場合にはそれがどんな行為かを報告してもらった．この訓練を約 3 ヶ月にわたり，週 1 ～ 2 回のペースで実施した．訓練成果の指標となるのは，①予定が存在する時刻になったら，「行うべき行為がある」ということを想起できるかどうか，②正しく内容が想起できるかどうか，

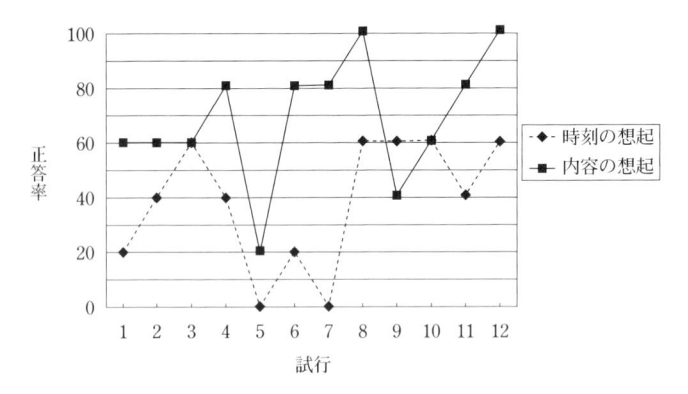

図 3-3　前頭葉損傷患者の訓練結果

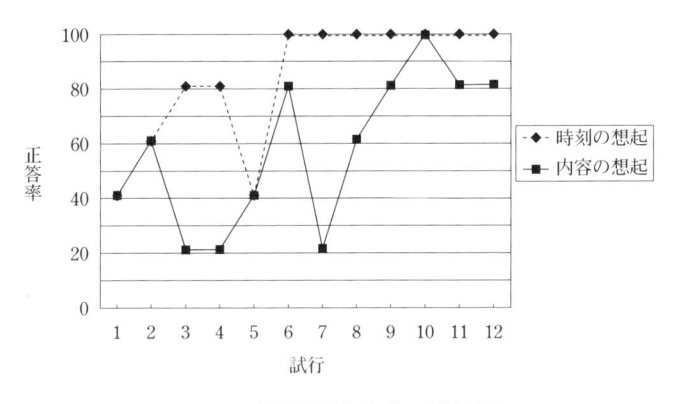

図 3-4　側頭葉損傷患者の訓練結果

の2つである．

　図 3-3 は前頭葉損傷患者の訓練結果を，図 3-4 は側頭葉損傷患者の訓練結果を示す．両症例ともに程度の差はあるものの，訓練の成果は見られるが，詳細に観察すると，時刻と内容の想起の訓練結果に質的な違いが見られる．前頭葉損傷患者の場合，訓練が進むにつれて，全体に，時刻よりも内容の想起の成績が高くなっていることがわかる．一方，側頭葉損傷患者の場合，全体に内容よりも時刻の想起の成績が高くなっていることがわかる．すなわち，存在想起と関連の深い，予定の時刻の想起は，側頭葉損傷例で優れており，内容想起と関

連の深い，行為内容の想起は，前頭葉損傷例で優れているという結果が得られたことになる．これは，損傷部位以外の部位が担う機能が回復していることを示す結果である．実際，器質的な損傷の場合，損傷部位が担う機能の回復には過度な期待ができないことが多い．そこで，それ以外の部位の機能を回復することができれば，それが全体的なパフォーマンスの改善につながりうるのである．この訓練の前後で，患者本人や家族からも，日常場面における記憶のパフォーマンスに改善が見られたという報告もあり，日常生活にも訓練の効果が及ぶことが示された．

7 脳機能画像法と認知リハビリテーション

ここまでは，訓練によって観察可能な行動がどの程度改善されるかに焦点を当てた研究を示した．近年，脳機能画像法の発展に伴い，訓練の前後で脳賦活状態を比較することで，訓練の効果が脳内でいかなる変化を生み出すかを調べた研究も報告されるようになった．

例えば，作動記憶の訓練効果を検討したある研究では，健常者を対象として，作動記憶の訓練を行い，行動レベルおよび神経レベルにおける訓練前後の比較を行っている．その結果，行動レベルでは，訓練後に作動記憶課題の成績が上昇し，神経レベルでは，訓練後に脳の賦活レベルが増加した部位と減少した部位があることが示された．これは，訓練によって作動記憶のシステムが改善されたことを示しており，行動レベルでの訓練が神経レベルでの変化を生み出していることを示唆するものである（Olesen, 2004）．

その他にも，記憶そのものの訓練効果を調べたものではないが，注意機能の訓練効果を脳機能画像法により検討した研究がある．そこでは，右半球損傷に伴い，注意力障害を認めた患者が対象とされ，コンピュータ画面上のレースゲームで，アクセルとブレーキのキーをうまくコントロールして，障害物を避けながらなるべく早く車を動かすような訓練が行われた．その結果，4名中3名において課題遂行に改善が見られ，同時に右前頭葉背外側部を中心とした注意機能に関連する脳部位に，訓練後の賦活増加を認めている（Sturm, 2004）．この結果の信頼性を高めるため，この著者らは，健常者を対象として，同様の課

題を用いた研究を行った結果，1回目の課題遂行時よりも，3週間後の2回目の課題遂行時において，右前頭葉および右頭頂葉で賦活が減少することを確認している．この結果から，上記の患者における訓練後の賦活増加は，注意機能の改善と直接的な関連があることが示唆された．

8 認知リハビリテーションの今後

本章では，認知リハビリテーションの方法および効果について，記憶の訓練効果を中心に，最新の知見を交えながら解説した．わが国における高次認知機能障害のリハビリテーションは，臨床場面でのニーズが高い反面，その必要性の認識がまだ浅く，未だ十分に普及していない．しかしながら，近年，そのような認識は徐々に改善しつつあり，今後はこれまで以上に認知リハビリテーションの方法やデータに関する検討や発展が必要とされよう．

Prigatano (1997: 1999) は，認知リハビリテーションにおける「全体論的アプローチ」の重要性を主張している．これは，リハビリテーションを認知，感情，社会，生活機能などの幅広い視点から総括的に捉えようとするアプローチである．このアプローチの目指すところは，表3-2に示す通りである．

全体論的アプローチとは，これらの各目標を実現するために，さらに具体的な接近方法を，患者とともに模索することによって，各患者に合った総合的対処方法を考案し，実現させていくというアプローチである．

Barbara A. Wilson は，2005年に開催された日本高次脳機能障害学会総会の特別講演 "Recent Developments in Neuropsychological Rehabilitation" において，認知リハビリテーションの重要性が "SMART" という用語に集約されると述べた．すなわち，*Specific* (特異的)，*Measurable* (測定可能)，*Achievable* (到達可能)，*Realistic* (現実的)，*in a Timeframe* (時間的枠組みの中で) である．特に "時間的枠組みの中で" というのは，例えば「現在は1分かかる作業を2週間以内に30秒でできるようにする」というような目標の立て方であるが，このような具体的目標を一定の時間枠内で実行することにより，医療費削減という社会貢献にもつながりうる．また，認知リハビリテーションにおいて極めて重要な点は，訓練をなるべく発症直後から開始することにある．

第3章　認知リハビリテーションと認知心理学

表3-2　全体論的アプローチによる認知リハビリテーションが目指す点

1　障害に対する自覚を高める
2　認知機能障害を改善する
3　代償手段を獲得する
4　職業的リハビリテーションを提供する
5　個人およびグループでの治療を提供する
6　学際的アプローチを採用する

(Prigatano, 1997; 1999)

これを実現させるためには，訓練を実施する者の自覚と行動力も要求される．こうした点を踏まえ，具体的なプランを持ちつつリハビリテーションを実行することが大切である．

参考文献

Atkinson, R. C. & Shiffrin, R. M.　1968　Human memory: A proposed system and its control processes. In K. W. Spence & J. T. Spence (eds.), *The psychology of learning and motivation: Advances in research and theory*, Vol. 2. Academic Press.

Baddeley, A. D. & Warrington, E. K.　1970　Amnesia and the distinction between long-and short-term memory. *Journal of Verbal Learning and Verbal Behavior*, **9**, 176-189.

Baddeley, A. D. & Wilson, B. A.　1994　When implicit learning fails: Amnesia and the problem of error elimination. *Neuropsychologia*, **32**, 53-68.

Brandimonte, M. A., Einstein, G. O., & McDaniel M. A.　1996　*Prospective memory: Theory and applications*. Lawrence Erlbaum.

Glisky, E. & Schacter, D.　1987　Acquisition of domain-specific knowledge in organic amnesia: Training for computer-related work. *Neuropsychologia*, **25**, 893-906.

Huppert F. A. & Beardsall L.　1993　Prospective memory impairment as an early indicator of dementia. *Journal of Clinical and Experimental Neuropsychology*, **15**, 805-821.

鹿島晴雄・加藤元一郎・本田哲三　1999　認知リハビリテーション．医学書院．

Luria, A. R.　1948/1963　*Restoration of function after brain trauma* (in Russian). Moscow: Academy of Medical Science (English translation; Pergamon, London, 1963).

Oddy, M., Coughlan, T., Tyerman, A., & Jenkins, D. 1985 Social adjustment after closed head injury: A further follow-up seven years after injury. *Journal of Neurology, Neurosurgery and Psychiatry*, **48**, 564-568.

Olesen, P. J., Westerberg, H., & Klingberg, T. 2004 Increased prefrontal and parietal activity after training of working memory. *Nature Neuroscience*, **7**, 75-79.

Parkin, A. J. 1987 *Memory and amnesia: An introduction.* Blackwell.（二木宏明監訳 1990 記憶の神経心理学．朝倉書店.）

Prigatano, G. P. 1997 Leaning from successes and failures: Reflections and comments on "Cognitive Rehabilitation: How it is and how it may be." *Journal of the International Neuropsychological Society*, **3**, 497-499.

Prigatano, G. P. 1999 *Principles of neuropsychological rehabilitation.* Oxford University Press.

Robertson, I. H. & Wilson, B. A. 2001 Neuropsychological rehabilitaion. In J. W. Fawcett, A. E. Rosser, & S. B. Dunnett (eds.), *Brain damage, bran repair* (pp. 289-297). Oxford University Press.

Sohlberg, M. M., White, O., Evans, E., & Mateer, C. 1992a Background and initial case studies into the effect of prospective memory training. *Brain Injury*, **6**, 129-138.

Sohlberg, M. M., White, O., Evans, E., & Mateer, C. 1992b An investigation of the effects of prospective memory training. *Brain Injury*, **6**, 139-154.

Sturm, W., Longoni, F., Weis, S., Specht, K., Herzog, H., Vohn, R., Thimm, M., & Willmes, K. 2004 Functional reorganisation in patients with right hemisphere stroke after training of alertness: A longitudinal PET and fMRI study in eight cases. *Neuropsychologia*, **42**, 434-450.

梅田　聡　2003　し忘れの脳内メカニズム．北大路書房．

梅田　聡・加藤元一郎・三村　將・鹿島晴雄・小谷津孝明　2000　コルサコフ症候群における展望的記憶．神経心理学，**16**, 193-199.

梅田　聡・小谷津孝明　1998　展望的記憶研究の理論的考察．心理学研究，**69**, 317-333.

Umeda, S., Nagumo, Y., & Kato, M. 2006 Dissociative contributions of medial temporal and frontal regions to prospective remembering. *Reviews in the Neurosciences*, **17**, 267-278.

Wilson, B. A. & Moffat, N. 1992 *Clinical and management of memory problems.* Chapman & Hall.

第4章

精神分析療法と認知心理学

岩崎徹也

1 はじめに

精神分析は発祥以来1世紀をこえ,その間に世界的に様々な発展を重ねている.日本でも日本精神分析学会が,2004(平成16)年には創立50周年を迎え,近年急速に会員数を増加させるに至っている.いっぽう認知科学は,認知心理学,神経科学をはじめひろい領域を包含しつつ発展し,また臨床場面では認知療法が注目を集めて臨床認知心理学への関心が高まっている.そこで本章では,精神分析療法と認知心理学の関係について展望し,とりわけ精神分析療法の治療機序における認知的な側面について,考察を加えたい.

2 精神分析と認知心理学の統合の試み

近年認知心理学の進展にともなって,精神分析を認知心理学の視点から再検討する動き,あるいは両者を統合して新しい精神分析学を構築したり,新しい心理療法の理論,技法を提出したりする動きがみられる.それらの動きのなかでも,*Cognitive Therapy and the Emotional Disorders* を発表した Aaron T. Beck(1976)をもって嚆矢とすることは,周知の事実である.これに加えて,他にも精神分析学を医学との統合をめざした精神科医 Sandor Rado の弟子であり,American Academy of Psychoanalysts アメリカ精神分析アカデミーの会長をつとめた精神科医 Irving Bieber(1980, p. XIV)は,Cognitive Psychoanalysis「認知論的精神分析」と名づけた精神病理学と心理療法の理論体系を発表している.彼は「精神分析は,その発祥当時から本能論を基礎にもつ認知論的な精神科治療法であった.それに対して,Cognitive Psychoanalysis は，認知理論に基礎づけられたものである」と述べて，独自の理論，技法体系を構築している．また，アメリカの精神分析医 Mandi J. Horowitz（1988a）は *Introduction of Psychodynamics* という著作を発表し，自らの仕事を精神分析理論と認知心理学との間のギャップを埋める Cognitive-Dynamic Theory 認知力動論を提出するものであると主張して，この本に A New Synthesis「新たなる統合」という副題をつけている．一般に認知心理学の概念は，精神分析を含めたほかの多くの心理学を統合的に理解するために，極めて有用であるといわれるが，Horowitz はさらに，認知心理学が精神分析の中に存在する諸学派，例えば自我心理学，対象関係論，クライン理論等々を，統一的に理解するためにも役立つとしている．

さらに，やはりアメリカの認知心理学者であり，同時に国際精神分析協会の研究教育プログラムの委員をつとめている Wilma Bucci（1997）は，*Psychoanalysis and Cognitive Science* と題する本を出版し，精神分析を実証性や科学性といった視点から再検討したうえで，彼女が Multiple Code Theory と名づけた情緒的な情報処理過程を中心とした新たな精神分析理論を展開している．

精神分析と認知心理学を統合しようとするこのような試みの中で，Beck の業績はその先見性のみでなく，理論の明快さ，治療としての実践的な有効性や経済性，さらに教育学習上のわかりやすさ，簡便性等々において卓越したものであった，ということが出来よう．

19世紀末に，Sigmund Freud によって創始された精神分析を母体として，20世紀中頃からいくつかの修正ないし発展型としての新しい心理療法体系が生まれてきている．たとえば，Carl Rogers（1942）によって提唱されて日本でも広く実践されるに至っている来談者中心療法，あるいは Eric Berne（1957）による交流分析などがあるが，日本認知療法学会が設立されてひろく注目を集めている現在，精神分析と認知心理学の相互理解が深められることが期待される．また，国際的にも，たとえば2004年に開かれた国際精神分析学会で，精神分析的心理療法と認知療法との共通性と相異性についてのパネルがもたれている状況である．

3 精神分析療法のもつ認知的側面

うえに述べたような認知心理学と精神分析の新たな統合の試み,新しい理論,技法体系を構築しようとする動きを離れて,次に精神分析の中に含まれていた認知論的側面について,Beckの主著(1976)に沿いながら考察したい.Freudが精神分析を創始した頃には,現代のような認知心理学,よりひろくは認知科学の進歩はなく,その後精神分析を発展させるに際しても,認知心理学を利用することができない立場にあったといえるわけである.それが可能になった現在,これまでの精神分析の概念やその治療的実践の中に,改めて認知という術語,概念を用いて説明されることなくして含まれていた認知論的な側面を検討することは,精神分析の学問としての幅を広げ,さらには科学的心理学としての基礎づくりにも役立つことであろう.

すでに,Beck (1976, p.257) は,精神分析療法と認知療法を比較して,「このふたつの治療法は,洞察療法である」と述べている.精神分析療法が転移と抵抗の解釈を介して,患者が無意識を洞察することを目標とするのはあきらかであるが,認知療法が洞察療法であるというのは,どういう意味であろうか？Beck は「どちらの療法でも,患者が自分の思考,感情,願望を内省的に観察して,報告する」という意味であること述べ,さらに「洞察というのは認知過程である」と明言している.

また,大野裕(1989)も,Allen Frances の Differential Therapeutics「鑑別治療」をめぐる概念のひとつである認知モデルの視点から精神分析をとらえて,過去を回復し,再構成していくという精神分析の営みは,とりもなおさず認知的な働きを重視することである旨の指摘をして,精神分析療法が認知が果たす役割を重視していた事実を強調している.

このように,認知をすすめる機能は,精神分析の概念としては自我が果たすものであり,歴史上,精神分析学がエス心理学ないし深層心理学から自我心理学へと発展する過程で明らかにされたものである.精神分析療法の治療機序を表現する有名な言葉に,Freud (1933) による「かつてエスがあったところに,自我をあらしめよ」という語句があるが,この文章には前段に「自我の知覚領

域を拡大して自我の組織を完成し……」と述べられている．つまり，精神分析療法の治療機序は，治療者と患者が協力して自我のもつ知覚領域を拡大することにあるともいえるわけで，この点からも認知は治療法としての精神分析の中心をなすともいえよう．

このような自我機能の解明は，さらに一般心理学の成果をとりいれてまとめられた Heinz Hartmann（1939）の *Ego Psychology and Problem of Adaptation*（『自我心理学と適応問題』）へと結実している．さらにまたそれは，現代精神分析学の指導者の一人で，国際精神分析学会長をつとめた Otto Kernberg（1975；1984）が，境界例の精神分析的精神療法に当たっても，「直面化」Confrontation の技法，すなわち患者が気づかないでいる言動に気づかせ認識させる働きかけを重視するなど，認知的側面に働きかける治療態度を一貫して強調していることにもつながっているといえよう．

さて，うえに述べたのは精神病理の治療方法としての精神分析に備わっていると思われる認知的な側面についてであるが，精神分析では精神病理の発生をめぐる理解についても認知の機制を重視していたと思われる．周知のように，精神分析では防衛機制が働く動因としての不安，とくに自らの精神的安定になんらかの危険がさし迫っていることを感知した結果生ずる Signal Anxiety「信号としての不安」を基礎概念のひとつとしている．たとえば，性あるいは攻撃衝動のたかまり，それによって生ずる超自我からの禁止，あるいは外的現実への不適応の可能性など，信号としての不安は，自らに危険がせまっているという認知にもとづいて発生しているわけであり，精神分析では当初より，精神病理の発生にも認知がかかわっているという考え方に立っていたといえる．しかもその認知が客観的，現実的な事実の正しい認知ではなく，精神分析でいう Psychic Reality「精神的な現実」にもとづく認知，すなわち主観的，非現実的な認知であるために，さまざまな病理発生の源になるという理解である．これら精神病理発生をめぐっては，これまでともすると衝動や葛藤の面が強調されていて，認知がかかわる側面はあまり明確になっていなかった歴史があるともいえるのではないかと思われる．

精神分析は客観的現実よりも，主観的現実ないし精神的現実を問うものであるということはまた，精神分析療法は外界に生じた客観的な事実よりも，その

事実についての個人の受け取り方，認知の仕方を問い，その認知の仕方を検討する治療法である，ということにもなる．そして，治療によって変化をもたらそうとする目標は，この認知の変化，修正であり，またそれに伴って生ずる情緒の変化，修正である．つまり，精神分析療法がめざすことは認知の変化であるということになる．

4 認知療法と精神分析療法の相違性

うえに，認知療法も精神分析療法も，ともに洞察療法であり，洞察とは認知過程であることを中心に，両者の共通性について述べた．一般に，欧米の文化は自他の相違を明確にし，またそれによって自己の存在を鮮明にする傾向が強いのに対して，日本文化は融合的で，自他の共通性を互いに見出すことによって，親近感，一体感にひたって安心するという傾向が強いといわれる．事実，精神分析学会内部の諸学派についても，欧米では激しい対立を経過しているのに比して，日本では融合的，親和的であるといわれる．しかし我々は，認知療法と精神分析療法の共通性と共に，相違性，すなわち区別すべきところも明確に自覚しておく必要があると思われる．

もっとも，認知療法の立場に立つ諸家の論考には，精神分析との共通性と共に，差異性を強調されているものがある．新しい学派，学会が，古い学派，学会との差異を明確にして，その独自性を主張することは，新たな発展の基礎として必要かつ大切なことであろう．認知療法と精神分析療法の区別について，まず，Beck（1976, p.259）は，「認知療法は多くの精神分析概念を借りている――また変形もしている――が，このふたつの心理療法の間には，はっきりとした違いも存在している．精神分析とは対照的に，認知療法は意識体験からすぐに得られるものを取り扱う．認知療法家は，患者の思考の裏に隠された意味を探したりしない．逆に，精神分析家は患者の思考を無意識的空想が形を変えたものと考える」と述べている．この文章をはじめ，認知療法では無意識の存在やその働きについて否定はせず，むしろ暗黙の前提としているようでありながら，積極的には肯定せず，治療としてはもっぱら「意識体験からすぐに得られたものを扱う」という姿勢に徹している，といえるようである．

この点について，大野裕（Beck, 1976, 邦訳解題 1990, p. 295）も「認知療法は，Beck 教授が精神分析医であったこともあって，精神現象を理解しようとする態度は精神分析と共通する部分が非常に多い．ただ，認知療法は精神分析療法と違って，無意識的な象徴的意味を重視しない．むしろ，患者が自分で気づくことができる意識の方に目を向けるのである」と述べている．さらに，認知療法家が精神分析との区別や相違性，独自性を述べるのは，このような理論，概念的な側面よりも，より実際的，具体的な治療法や態度についてが中心であるようである．

　Beck（1976）は，認知療法と精神分析療法の違いのひとつとして，「認知療法はデータを集め利用することにあまり時間を割く必要がない」ことをあげ，「したがって，このアプローチによって，短期心理療法が可能になり，経済的になる．構造化された短期の認知療法を用いて 10 から 12 セッションだけで終わることができる症例は多い」と述べている．このように，治療法としての認知療法は，短期心理療法である．それに対して精神分析法はその狭義の意味では，毎週 4 回 1 日 50 分ずつで数年間の治療期間を有すること，またそれら精神分析の理論と技法を応用した精神分析的な心理療法，ないし力動的な心理療法と呼ばれるものも，日本での一般的な治療形態としては，毎週 1 回 50 分で，やはり数ヶ月から数年間の治療期間を要することを考えると，そこには時間的，経済的に著しい差異が存在するわけである．ここに認知療法の実践的現実性が存在するのであり，ましてや昨今の医療を取り巻く経済状況など現実的な要因を考えるとき，認知療法はますます求められることになる．このことに関連してかつては人格障害の長期入院治療や，精神分析療法の実践によって，国際的に高い評価を得ていたメニンガー記念病院が，アメリカにおける保険制度 Managed Care の圧迫によって，消滅の危機に立たされたことにてらしても，認知療法の持つ経済性，現実性の重みが感じられるものである．また，「認知療法は，精神分析よりもずっと簡単に教育できる」と Beck（1976）が述べているように，認知療法を習得するにあたっても，時間的，経済的に認知療法がずっと効率的であることも事実である．加えて，精神分析が治療者の態度として受身的で中立的 Passive Neutral な姿勢を遵守するのに対して，認知療法の治療者は，患者に能動的，指示的 Active Directive に関わることも，両治療法

の基本的な相違である．

　このように両者の間には，実践的にも理論的にも，相違が存在するが，その相違性があいまいになる可能性がある領域が，基礎人格，あるいは症状の背後にある人格傾向や人格障害をめぐるところである．

　昨今，アメリカ精神医学会が作製した診断と統計のためのマニュアル，いわゆる DSM が，日本でもひろく用いられるようになっている．DSM の功罪の論議はここで措くとしても，DSM の影響が及んだ結果として，心理臨床，精神科臨床において人格 Personality の果たす役割への理解が進んだことがある，といわれている．すなわち，旧来の精神科診断では，疾病診断が優先していたのに対して，DSM-III 以降は，I 軸の障害診断に加えて，II 軸に人格診断が置かれるようになった結果，精神障害発生の基礎において，人格が果たす役割への認識が進んだ，ということである．

　精神分析では，歴史的にも，Karl Abraham (1924) にはじまる性格論や，Wilhelm Reich (1933) による性格分析をはじめ，古くから症状発生の基礎にある性格，ないし人格への注目があり，治療にも精神分析は症状治癒をこえて，人格構造の修正を目標とすることに，特徴があるとされてきた．

　いっぽう，標準的認知療法は，うつ病など I 軸障害に相当する対象にはじまり，その限りにおいては，人格構造の修正をめざす精神分析法とは，治療技法上もその相違性はあきらかであった．しかし，人格を対象にしたときに両者の差異はどのようになるのであろうか．この点について井上和臣（Beck, 1990, 邦訳監訳者あとがき pp. 229-300）は，Beck (1990) らの「人格障害の認知療法」の監訳者として，まず，つぎのように述べている．すなわち「……第 I 軸障害から第 II 軸障害に対象が移った時に，こうした標準的な認知療法は大きな修正を余儀なくされる．人格障害の中核に強固に存在するスキーマが，治療の主たる標的となるため，いきおい治療は長期化してしまう．また，当面する問題に集中するだけでは不十分で，過去の情動体験にまで遡及する必要が生じてくる．……かつて袂をわかった精神分析治療法の再接近を予感させるこのような動向は「差異性」を主張してきた従来の立場を崩壊させてしまうのではなかろうか？」と．このように，症状，ないし自動思考の基礎にあるスキーマと人格特徴の異同や過去の体験への遡及と精神分析概念としての個体発生的 Genetic な

要因の分析との関係が，大きな検討課題となるわけである．しかし，井上和臣はさらに，「……こうした予測が杞憂に終わる可能性もある．「差異性」の融解現象は，認知療法の基本理論にまでは至って居らず，人格障害を対象とするときにも，認知モデルはいささかも変化していないからである」とつづけて，厳然として差異性を主張している．

この点，つまり差異性について，精神分析の立場から述べると次のようになると考えられる．すなわち，認知療法では，認知モデルに則して患者の認知の歪みを正す．それに対して精神分析療法では，その歪みを産み出すに至った不安やそれに対する防衛機制，さらにそれらの治療関係へのあらわれとしての転移や抵抗と，その解釈などの理論，技法が基本的なものである．つまり，認知療法はあくまで結果としての認知の歪みを主な対象とするが，精神分析療法はその歪みを結果とするに至る精神過程を主な対象とする，というわけである．

しかしなお，井上和臣はつづけて，含蓄深く次のように述べている．すなわち「あるいは，こんな風にも考えられる．危険をはらんだ人格障害への適応拡大は認知療法を軸とした精神療法の統合という，未来図を示しているかもしれない……」と．筆者はこの点に同感するものである．それは筆者が先に述べたような，認知療法も精神分析療法も，ともに認知の機制を中心とする心理療法であり，また精神病理学としても，歪んだ認知が果たす役割を重視する点で共通するという理解が，この統合に向けての要となる理解である，と考えるからである．そしてそれはまた大野裕（1989）が指摘しているように，日本の精神分析学会の指導者，小此木啓吾（1972）が古くから提唱している精神療法学の構築に寄与する一点であると考える．

5 精神分析の科学性をめぐって

精神分析は発祥以来一世紀を経て，いま新しい時代に向けて更なる発展が期待されている．その新たなる発展にはさまざまの領域が考えられるが，例えば神経科学の進歩を中心とした生物学的精神医学の発展に伴う，精神分析理論の生物学的基礎づけなどが，主な課題になると思われる．Freud（1914）は，すでに「われわれがさしあたり心理学的に理解しているいっさいのものは，いず

第4章 精神分析療法と認知心理学

れは有機体を基礎とせねばならないことを銘記すべきである」と明言している．また晩年にも，精神分析概説の中で「身体的過程の系列の方が，精神的過程の系列よりも完全であると認めざるを得ない」(Freud, 1938) と述べて精神的過程が身体的，生物学的過程を前提としていることを，再三確認している．

このように，精神分析学と生物学的，自然科学的，とりわけ神経科学的な研究成果との間隙を埋めようとする努力は，たとえばアメリカの現代精神分析医 Fred M. Levin による「心の地図」Mapping the Mind (1991) や Psyche and Brain (2003) をはじめ，多く見られるようになってきている．Levin は，精神分析療法の治療機序の中でも，基本的な現象である転移 Transference について，以下のような考察を展開している．すなわち，転移を精神分析に伝統的な衝動 Drive の転移という側面よりも，類似性をめぐる判断 Judgment of Similarity や，過去と現在の人物像の比較という視点，つまり認知の様式 Modes of Cognition という視点からとらえることの意義を強調して，転移のこのようなとらえ方は，精神分析，認知心理学さらには神経科学を結びつけて，心と脳の問題に橋を架ける可能性を開く，と主張している．とはいえ，両者の間隙が十分に埋まるに至るまでには，まだしばらくの年月を要すると考えるのが，現実的であろうと思う．

いっぽう，近年の医学領域全体にみられる趨勢としていわゆる EBM (Evidence Based Medicine) の重視があり，精神医学領域や臨床心理学領域でも，貴重な Evidence の獲得が示されているのも事実である．また，そのひとつとして心理療法の効果をめぐる実証的研究 Empirical Research も存在する．しかし，視点をかえて，現在得られている Evidence で，精神現象や精神障害全体を説明するのにどれだけ可能か，はたしてどれだけの範囲をカバーできるものか，という立場に立ってみると，やはりまだごく一部の限られた範囲の現象についての Evidence にとどまっている，という事実もまた厳然として存在していると思う．

これらの実証的，自然科学的研究は，方法論として，また研究を基礎づけるフィロソフィーとしてとらえたとき，Freud が述べたように限りなく尊重されるべきものであるばかりでなく，そのような基礎に立った研究が積み重ねられることが望まれるものである．しかし，Evidence 重視のフィロソフィーが，

これまでの臨床的な営みと，そこで得られた事実にもとづいた学問がもつ実践的な意義を過小評価することになってはならないと思うのである．それどころか，筆者は，精神分析がこれまでの臨床実践で獲得した理論体系や概念はまた，自然科学的な研究を方向づけたり，新たな発想を展開する枠組みを提供したりする可能性すら含んでいると考えることができると思うのである．

たとえば人間の不安への対処行動について生物学的研究をすすめていくに当たっては，精神分析がこれまでに展明してきた理論体系，特に抑圧や分裂をはじめとする防衛機制のさまざまなあり方をめぐる知識が，生物学的な研究にひとつのオリエンテーションを与えてくれるであろう．また，精神分析が正常ないし神経症水準の精神機制と，精神病水準の病態とを区別する要因として解明してきた現実検討能力 Reality Testing, すなわち，精神内界の出来事と外界の客観的な表現と生起している出来事とを区別し，正しく認知する技能も，神経心理学など認知科学的な疾病研究の重要なテーマとなると考えられる．

このような状況の中で，精神現象に対する科学的接近方法としての認知科学が注目されつつある．そのひとつとして，Wilma Bucci（1997, p.8）は，精神分析の科学性を認知科学の立場から検討する視点に立って，「内的，主観的な出来事を科学的に研究することは，認知科学の領域で日常的に行なわれていることである」として，「フロイトが試みようとしていたことを，我々が行なう必要があるのである」と述べている．精神現象をめぐって認知科学による解明が進むことは，精神分析を科学的に基礎づける大きな要因になるものであると考え，期待するものである．

6 認知心理学の記憶研究と精神分析療法

最後に，認知心理学の近年の発展を基礎にして，精神分析に新たな解明を加えたひとつの研究についてふれる．

Freud は科学的心理学草稿（1895）の中で，「注目に価する心理学理論は〈記憶〉に関して，それなりの説明を与えるものでなければならない」と述べて，心理学における記憶研究の重要さを強調している．近年，認知心理学の研究では，記憶を Declarative Memory と Non-declarative Memory とにわける

ことができる，との知見が得られている，とのことである．Declarative Memory とは「言葉にして表現することができる記憶」と訳すことができるが，日常語で普通用いられる意味での記憶のことで，意識することのできる記憶を意味している．精神分析でいう記憶もこの範疇に属するもので，これまでの精神分析理論で記憶といってきたものは，この Declarative Memory であると理解されている．それに対して，認知心理学の記憶研究によって，意識されない，しかし，それは抑圧されて無意識の世界に閉じ込められた記憶ともまた異なる，つまり精神分析を介しても意識することができない，また別の言い方をすれば，精神分析の意識，前意識，無意識という局所論では説明することのできない記憶の存在が把握されている，とのことであり，それらを Non-declarative Memory，すなわち「言葉にして表現することのできない記憶」と呼んでいる．そして，この Non-declarative Memory は想起つまり思い出すというかたちでなくして，その人の行動や対人関係の中に表出される，という性質を有している．

　いっぽう，近年の精神分析領域における乳幼児研究，特に直接観察の手法によって，これまでの臨床的な治療を介した発達論とは異なる乳幼児発達論を展開して，精神分析学界内部でも大きな貢献として高く評価されている Daniel Stern の研究がある．Stern（1998）は，乳児が，これまで考えられていた以上に高い現実認識能力を備えているとの見地から乳児はいかなるかたちの情緒的接近が親に歓迎されるものであり，反対にいかなるかたちのものが受け入れられないものかについて，その発達の早期から何らかの知識をもつに至るものである，ということを主張している．そして，この Implicit Relational Knowledge こそが，認知心理学で解明された Non-declarative Memory と共通するものであることが，アメリカの心理学者 J. Timothy Davis（2001）によって指摘されている．

　彼によると，精神分析療法において，この Implicit Relational Knowledge ないし Non-declarative Memory が転移や逆転移といった治療的人間関係，さらにはそれらを介した被分析者のパーソナリティーの治療的な変化，修正が生ずるにあたって，大きく関与するものであるとされている．転移を介するといっても，従来から明らかにされていたような転移を解釈し，被分析者がそれを意

識化し，洞察することによって，症状の基盤にある性格構造の変化をもたらすといった機制ではなく，それとは別に精神分析家と被分析者との間に生ずる関係そのものの中に，被分析者の Non-declarative な他者へのかかわり方が再現され，それが精神分析家の側のかかわり方との相互作用の中で修正，変化される，という側面への注目であり，精神分析療法のもつ解釈を越えた，もうひとつの治療機序への着目でもある．

治療的実践形態としての精神分析療法，そこにあらわれる諸現象や内在している治療的諸要因については，歴史的にいくつかの理論的解明がなされてきている．精神分析療法の実践の中には，概念としてとらえられ理論化されたもの以上の実態が存在し，それらは後に新たな視点からの概念づけられたり，理論化されたりする，という歴史がある．ここに述べた記憶に関する認知心理学の知見が，精神分析療法の治療機序の理解に新たな一面を招いているという経過は，このふたつの学問の相互交流によって得られた成果であることを結びとして，章をとじることにする．

7 おわりに

精神分析療法と認知科学，とくに認知心理学との関係をめぐって，両者の統合の試み，両者の共通性とくに精神分析のもつ認知的側面，両者の相異性，精神分析の科学性と認知科学，認知心理学における記憶研究と精神分析療法などについて，文献的に展望し，考察を加えた．

本章は2002年に開催された日本認知療法学会（大野裕理事長）第2回大会（小谷津孝明会長）における講演に加筆したものである．

引用文献

Abraham, K. 1924 A short study of the development of the Libido, viewed in the light of mental disorders. In *Selected papers of Karl Abraham.* (1968). Basic Books.（下坂幸三他訳 1993 アーブラハム論文集．岩崎学術出版社．）

Beck, A. T. 1976 *Cognitive therapy and the emotional disorders.* International Universities Press.（大野　裕訳 1990 認知療法．岩崎学術出版社．）

Beck, A. T. et al. 1990 *Cognitive therapy of personality disorders.* Guilford Press. (井上和臣監訳 1997 人格障害の認知療法. 岩崎学術出版社.)

Berne, E. 1957 *A Layman's guide to psychiatry and psychoanalysis.* Simon & Schuster.

Bieber, I. 1980 *Cognitive psychoanalysis.* Jason Aronson.

Bucci, W. 1997 *Psychoanalysis and cognitive science.* Guilford Press.

Davis, J. T. 2001 Gone but not forgotted: Declarative and nondeclarative memory process and their contributions to resilience, *Bulletin of Menninger Clinic,* **65**, 451-470.

Freud, S. 1895 Project for a scientific psychology (translated by Strachey, J. in *The standard edition of the complete psychological works of Sigmund Freud, Vol. 1.* The Hogarth Press (1966). (小此木啓吾訳 1974 科学的心理学草稿. フロイト著作集, 7, 人文書院.)

Freud, S. 1914 On narcissism: An introduction (transrated by Strachery, J.), The *standard edition of the complete psychological works of Sigmund Freud, Vol. 14.* The Hogarth Press (1966). (懸田克躬訳 1953. ナルチシズム入門, フロイド選集15. 性欲論, 日本教文社／懸田克躬・吉村博次訳 1969 フロイト著作集5. 人文書院.)

Freud, S. 1933 New introductory lectures on psycho-analysis (translated by Strachery, J.), *Standard edition of the complete psychological works of Sigmund Freud, Vol. 22.* The Hogarth Press (1966). (古沢平作訳 1953 続精神分析入門, フロイト選集3. 日本教文社／懸田克躬・高橋義孝訳 1971 フロイト著作集1. 人文書院.)

Freud, S. 1938 An outline of psycho-analysis (translated by Strchey. J.). *Standard edition of complete psychological works of Sigmund Freud, Vol. 23.* The Hogarth Press (1966). (古沢平作訳 1958 精神分析概説, フロイト選集15. 日本教文社.)

Hartmann, H. 1939 *Ego psychology and the problem of adaptation.* International Universities Press. (霜田靜志・篠崎忠男訳 1967 自我と適応. 誠信書房.)

Holman, J. et al. 2004 Psychoanalytic and cognitive approaches to a clinical case. *International Journal of Psychoanalysis,* **85**, 991-994.

Horowitz, M. J. 1988a *Introduction to psychodynamics.* Basic Books.

Horowiz, M. J. (ed.) 1988b *Psychodynamics and cognition.* University of Chicago Press.

Horowiz, M. J. 1988c *Cognitive psychodynamics.* John Wiley & Sons.

Kernberg, O. F. 1975 *Borderline conditions and pathological narcissism.* Jason Aronson.

Kernberg, O. F. 1984 *Severe personality disorders.* Yale University Press.（西園昌久監訳 1996 重症パーソナリティ障害．岩崎学術出版社．）

Levin, F. M. 1991 *Mapping the mind.* Analytic Press.（竹友安彦監訳 2000 心の地図．ミネルヴァ書房．）

Levin, F. M. 2003 *Psyche and brain.* International Universities Press.

小此木啓吾 1972 精神療法．平井富雄他（編），精神科治療学．金原出版．

大野　裕 1988 パーソナリティー障害に対する治療選択とその統合．精神分析研究，**32**, 341-355.

大野　裕 1989 精神療法の接点を探って．季刊精神療法，**15**, 227-234.

大野　裕他 1999 認知療法．岩崎徹也・小出浩之（編），臨床精神医学講座 15：精神療法．中山書店．

Reich, W. 1933 *Character analyse.* Selbstverlag.（小此木啓吾訳 1964 性格分析．岩崎学術出版社．）

Rogers, C. 1942 *Counseling and psychotherapy.* Houghton Mifflin.

Stern, D. N. 1998 Non-interpretive mechanisms in psychoanalytic therapy. *The International Journal of Psycho-Analysis,* **79**, 903-921.

第5章

森田療法と認知心理学

辻　平治郎

　森田療法は，わが国の精神医学者，森田正馬（1874-1938）が，西洋における種々の療法を比較検討し，それに工夫を加えながら独自の実践を重ねる中で，1920年ころに完成した心理療法の体系である．森田療法は，現在よく使われている抗不安薬が開発されるまでは，神経症的な問題の解決に有効なほとんど唯一の治療法であった．このように，森田療法は精神分析に匹敵する長い歴史を持つが，現在流行の認知心理学的な観点から見ても古めかしさはまったく見られない．もちろん，現在でも少しもその価値を失ってはいない．

　実際，自己注目，気晴らし（distraction），エクスポージャと反応防止，思考抑制，自己不一致，完全主義，メタ認知的制御や計画などは，言葉づかいは異なっても，森田が重視してきたのと同じものである．それゆえ，これらを関係づける研究が多数出てきてよいはずなのだが，わずかに自己意識，自己注目を中心としたもの（井伊，1998；辻，1993；Usa et al., 1990）や，Wegner らの「思考抑制」と森田の「思想の矛盾」を関係づけるもの（辻，1993）などが見られるだけである．

　ここでは，このような研究を1つひとつ紹介することもできないわけではない．しかし，森田の障害や治療に対する考え方（例えば，「あるがまま」）には，西洋の心理療法のそれとはかなり異なるところがある．したがって，断片的な紹介では森田療法の全体像が見えてこず，森田療法にとっても認知心理学にとっても，得るところが少ない．そこで本章では，Beckの認知療法（Beck, 1976）をアンカーとすることにより，もう少し体系的に森田療法の検討を進め，東西の発想の違いを明確に捉えられるようにしていきたい．

1　精神病理学

1-1　適用範囲

森田療法は「神経質」の特殊療法だといわれる（森田, 1974）．この神経質という用語は，本来は「性格」用語であるが，森田は「病態」にも区別せずに使っている．それは，神経質を病気とは見なさないという森田の姿勢を示している．それはともかく，病態としての神経質は神経症からヒステリーや意志薄弱なものを除いたものとされ，DSM-IV の診断基準では，社会恐怖，強迫性障害，全般性不安障害，パニック障害，心気症などに相当する．しかし，抗うつ剤によって気分の改善ができるようになって以来，うつ病（特に抑うつ神経症と呼ばれてきたタイプ）にも森田療法が適用できるようになった．したがって，その適用範囲は認知（行動）療法などとも変わらない．また最近では，統合失調症や境界例などへの適用も試みられるようになってきている．

1-2　Beck の認知理論

どんな理論でも他の理論と比較してみると，その特徴がよくわかる．それゆえ，ここでは森田理論を Beck の理論と比較対照してみよう．Beck 理論の概略は図 5-1 の通りである．

1-3　森田理論

森田によると，神経質の病理は神経質の「素質」×「病因」×「機会」によって生じる．ここで，「素質」とは「自己内省的な性格傾向」のことであり，「病因」とは不安，恐怖，不快感などの病覚（病気によると思う異常な感覚）をいう．また「機会」とは，何かにつけてその病覚を気にするようになった事情のことであり，ストレスフルな出来事といってよかろう．したがって，森田の精神病理学は現在の「素因ストレスモデル」に立脚しているともいいうる．神経質で自己内省的な人（素質）が，ストレスフルな出来事（機会）に出会って，身体的な不調や不全感，不安や恐怖，あるいは悩みなどの症状（病因）を意識したとき，それ自体が不快，苦痛であるだけでなく，そういう症状をもつ自分

第5章　森田療法と認知心理学

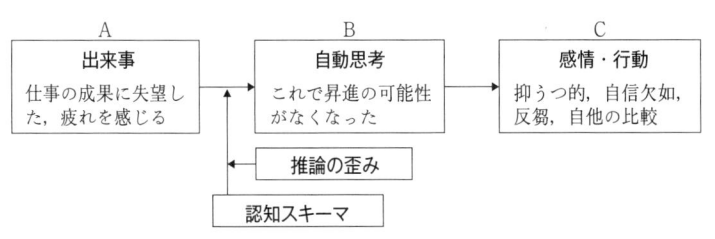

```
     A                  B                   C
  ┌─────────┐      ┌─────────┐        ┌─────────┐
  │ 出来事  │─────→│ 自動思考 │───────→│ 感情・行動│
  │仕事の成果│      │これで昇進の│       │抑うつ的，自信欠如│
  │に失望し  │←─────│可能性    │        │反芻，自他の比較│
  │た，疲れを│      │がなくなった│       │          │
  │感じる    │      │          │        │          │
  └─────────┘      └─────────┘        └─────────┘
                        ↑
                  ┌─────────┐
                  │ 推論の歪み │
                  └─────────┘
                        ↑
                  ┌─────────┐
                  │認知スキーマ│
                  └─────────┘
```

図 5-1　Beck の ABC 図式（丹野，2001 を一部改変）

自身を容認できない．したがって，何とかしてその症状をなくしてしまいたいと考える．しかし，不安や悩みは生きている証のようなもので，努力してなくせるものではない．むしろそんな努力をすると，かえって症状への「とらわれ」を生じて，症状を強化・持続させてしまう．神経質の病態はこのようにして症状が固定してしまったものだと考えるのである．森田はこのようなとらわれを生むメカニズムとして，(1) ヒポコンドリー性基調と精神交互作用，(2) 思想の矛盾，という2つの理論仮説を考えている．

(1) ヒポコンドリー性基調，および注意と感覚の精神交互作用　神経質な人は「ヒポコンドリー性基調」という素質をもつ．これは「自己内省」傾向の中の一特徴と考えられ，心身の不快感や症状に過敏で，それを気に病みやすい傾向のことである．このような素質をもつ人が，何らかの機会（たとえば失敗して人に笑われたとき）に，病因（たとえば赤面や恥などのネガティブな感覚や感情）に気がつくと，そこに注意が固着して，他のものに注意が向けられなくなる．こうして病因（病覚）に注意を集中すると，その感覚や感情はいっそう鋭く意識される．そして次には，この感覚がさらに注意をひきつける……という悪循環にはまり込む．森田はこのように注意が症状に集中して，症状が増悪していく悪循環の過程を，「注意と感覚との精神交互作用」と呼んでいる．この精神交互作用は，もちろん赤面や恥においてだけでなく，他のネガティブな感覚・感情においても生起し，神経質の症状を形成すると考えられている．

この精神交互作用の過程を ABC 図式に当てはめて図示すると，図 5-2 のようになろう．Beck は，不適応的な認知や評価（B）が不安や抑うつなどの問題（C）を生じさせると考えている．しかし森田は，病理的症状（C）は認知

68　I　心理療法の認知心理学

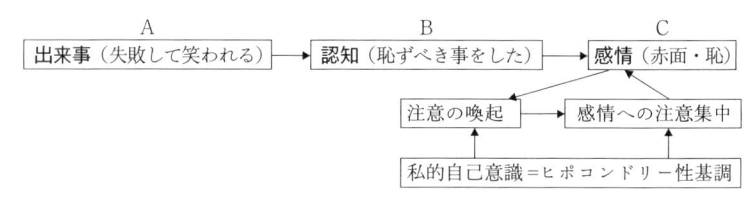

```
         A                    B                    C
出来事（失敗して笑われる）→ 認知（恥ずべき事をした）→ 感情（赤面・恥）
                                     ↓              ↓
                                  注意の喚起 ← 感情への注意集中
                                     ↓
                           私的自己意識＝ヒポコンドリー性基調
```

図5-2　注意と感覚の精神交互作用仮説

(B) から直接生じるのではなく，感覚・感情 (C) への「注意」によって精神交互作用が生じ，その感覚・感情が強化・持続させられたときに病的になっていくのだと見なした．

ところで森田のヒポコンドリー性基調は，私的自己（他者には観察できない内面の自己）に注意を集中する傾向の強い「私的自己意識」特性に相当すると考えられる（Fenigstein et al., 1975）．この私的自己意識が強い人は，内的な感情や動機をより鮮明に認知するとともに，より強く感じるといわれている（Buss, 1980）．ここでは私的自己意識がいかにして感情を強めるのかは説明されていないが，精神交互作用と同じ現象が生起していると考えるとわかりやすい．

そこで，ヒポコンドリー性基調を私的自己意識と同一視してよいかどうかを見るために，私たちは神経質患者と健常大学生（対照群）の私的自己意識を比較してみた．その結果，神経質患者のほうがやや高かったが，統計的にはマージナルな差にすぎなかった（辻，1993）．このような結果になったのは，私的自己意識の概念や尺度に「自己内省」などが混在していたからではないかと考えられる．それゆえ，これらを弁別できる「自己意識・自己内省尺度」を再構成して，因子分析してみた．その結果，表5-1 の5因子が抽出された．「私的自己意識」は予想通り，自己について内省する「自己内省」や，自己について同じことをくりかえし考える「自己反芻」と分化した．また，公的自己（他者にも観察可能な自己）に注意を集中しやすい「公的自己意識」は，他者からの評価を気にする「評価意識」と外見を気にする「外見意識」に分化した．

このように分化させると，「私的自己意識」は，自己の内的な感覚や感情への注意集中傾向に限定されるので，これは神経質患者に特徴的な「ヒポコンドリー性基調」に相当すると見なすことができる（図5-2参照）．また，自己の感覚，感情，思考，イメージなどを反芻する「自己反芻」も，神経質患者に典型

第5章　森田療法と認知心理学

表5-1　自己意識・自己内省の下位尺度得点の平均値（標準偏差）および差の検定

	私的自己意識	自己内省	自己反芻	評価意識	外見意識
患者群(N=70)	15.84(3.00)	20.65(4.87)※	20.66(3.25)	12.50(2.66)	14.39(3.38)
対照群(N=206)	13.81(2.77)	19.73(4.56)	18.02(3.92)	12.52(2.24)	15.31(2.80)
$t(df=274)$	5.191**	1.433(df=273)	5.077**	−0.058	−2.263*

注；**p≦.01，*p≦.05，※欠損値があったためN=69；df=273

的に見られる特徴と考えられる．それゆえこれらの測定値は，神経質患者のほうが健常大学生よりも高いと予想できる．しかし「自己内省」については，これ自体が症状に直結するとは考えにくいので，両群間に差はないと予想される（この点については「思想の矛盾」との関連の中で再論する）．これらの予想は，表5-1のように，ほぼ確証することができた．

またついでにいえば，対人不安に不可欠の要因といわれる「公的自己意識」についても，特に「評価意識」は患者群のほうが高いと予想できる．しかし表5-1のように，患者群と健常群の間にはまったく差が見られなかった．この尺度は表面的な妥当性や信頼性が認められているので，「評価意識」は単独では効果を及ぼさないということがわかる．したがって，これは「自己内省」や「思考へのとらわれ」（後述）を介して，反芻的な不安症状に寄与しているのではないかと考えられる．また「外見の意識」は，わずかではあるが，患者群よりも健常群のほうが高かった．患者群は自己の症状や問題に注意を奪われているため，外見にまで注意を配る余裕がなくなっているのかもしれない．

(2) 思想の矛盾　「思想の矛盾」とは，自己について「かくあるべし」と考える思想（理念）と，「かくある」という事実との矛盾だといわれている．したがってこの矛盾は，Rogers（1959）らがかねてから問題とし，Higgins（1987）が体系化した「自己不一致（self-discrepancy）」の概念に近い．Higginsによると，この自己不一致は，「現実自己と理想自己との不一致（actual-ideal discrepancy）」と「現実自己と義務自己との不一致（actual-ought discrepancy）」に区分できる．前者の「現実−理想不一致」は，現実が理想に届かない状態なので，ポジティブとはいえない．しかし，ネガティブというわけでもない．それゆえ，ここから生じる感情はそれほど強烈なものではなく，「落胆（dejection）」だとされている．これに対して「現実−義務不一致」は，

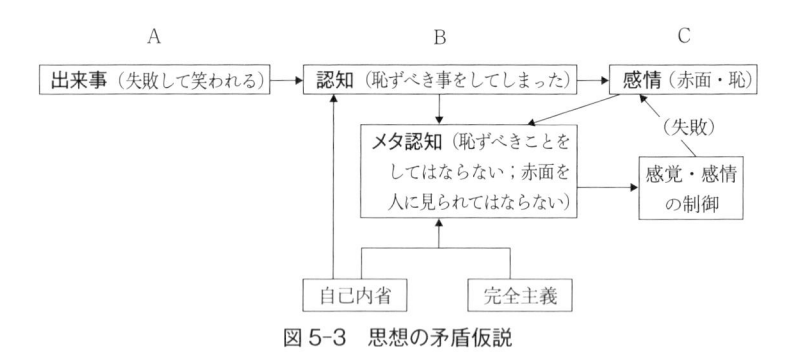

```
        A                    B                 C
┌──────────────┐    ┌──────────────┐    ┌──────────────┐
│出来事(失敗して│───→│認知(恥ずべき事│───→│感情(赤面・恥)│
│笑われる)     │    │をしてしまった)│    └──────────────┘
└──────────────┘    └──────────────┘         │(失敗)
                         ↑  ↓           ┌──────────────┐
                    ┌──────────────┐    │感覚・感情    │
                    │メタ認知(恥ずべ│───→│の制御        │
                    │きことをしては │    └──────────────┘
                    │ならない;赤面を│
                    │人に見られては │
                    │ならない)     │
                    └──────────────┘
                         ↑       ↑
                    ┌────────┐ ┌────────┐
                    │自己内省│ │完全主義│
                    └────────┘ └────────┘
```

図 5-3　思想の矛盾仮説

義務に違反したネガティヴな状態にあることを意味するので，自責感情や恐怖などの「情動興奮（agitation）」を生じると考えられている．

　それでは思想の矛盾は，理想か義務か，どちらとの自己不一致なのであろうか．一般的には現実 – 理想不一致だと考えられている（たとえば Nakamura et al., 1994）．しかし，それがしばしば恐れられ，矛盾解消へのこだわりを生んでいることなどを考慮するなら，単に理想的な基準がまだ達成できていないということではなく，義務的な基準がクリアできていない状態だと見なければなるまい．これは「現実 – 理想不一致」ではなく，「現実 – 義務不一致」なのである．

　次に，思想の矛盾における「事実」とはいかなるものかを確認しておこう．たとえば人前で失敗して，恥をかき赤面したという場面を考えてみると，森田は失敗という客観的事実ではなく，恥をかき赤面したというような主観的・感情的事実のほうに注目している．「思想」もこれに対応して，「恥ずべきこと，情けないことをしてはならない」というような「個人的規範」が選択されている．したがって，思想の矛盾における「事実」は，外界にはっきり同定できる「客観的な事実」ではなく，内界の選択的に注目された「主観的事実」であり，「思想」はこの事実を評価したり目的論的に説明したりする基準・規範になっていることがわかる．このように「主観的事実」と「思想（規範）」を照合して，許されざる逸脱が生じていると評価し，考え悩むことでこの矛盾を解決しようとするのが「思想の矛盾」なのだと理解できる（図 5-3 参照）．最近の症例ではさらに，この主観的事実が対人関係の中に移されて，他者から「恥ずべ

きで情けない」と判断されていると感じるものが少なくない（牛島，2000）．

　さらに，思想の矛盾の解決過程を見てみると，思考が内向していることがわかる．それは，この矛盾がもともと主観的な内的反応に由来するものだからであり，それゆえに患者は，外界に働きかけるよりも，考えることによって内的な感情反応を制御しようとする．認知（思考）によって感情を変化させようとするのである（彼らはBeckを知らないBeck主義者である）．しかし，認知によって感情を制御しようとしても，感情は理念や思考によって意図的・能動的に制御できるものではない．むしろ，自動的・受動的に生成変化するものである．それゆえ，制御の試みはたいがい失敗する．こうして挫折すると，ふつうは制御の試みを放棄するか，別の制御方略を考えるかするものであるが，神経質患者の場合には，もとの制御方略にこだわり続け，あくまでも思考によって解決しようとする．「思想の矛盾」とは，このように，本来思考だけでは解決できない矛盾を思考によって解決しようとこだわる矛盾でもあるのである．

　この思想の矛盾に影響を与えるパーソナリティ要因は，「自己内省」と「完全主義」（森田は「完全癖」と呼んでいる）であろう．森田はこの「自己内省」という用語を先述の「ヒポコンドリー性基調」と区別せずに使うこともあるが，「ヒポコンドリー性基調」は内的な状態の変化や変動に受動的に注意を引きつけられる傾向，「自己内省」は自己について能動的・意識的に考える傾向として区別しておきたい（辻，2004）．

　実際，この2つは先述のように「自己意識・自己内省尺度」でも異なる因子として抽出された．しかし自己について考えをめぐらせる「自己内省」には，表5-1のように，神経質患者と健常大学生との間に有意な差が認められなかった．「自己内省」的な思考は，ポジティブにもネガティブにも展開しうるので，これ単独では神経質の症状に結びつかないのであろう．しかし「不完全性忌避」や「思考へのとらわれ」などを介して，症状につながっていることは間違いなさそうである（辻ら，投稿中）．また，「完全主義」は理想的な完全性を追求する「理想追求完全主義」と，義務違反ともいいうる不完全性を回避しようとする「不完全性忌避完全主義」に区分できるが（辻，1993），思想の矛盾に関係するのは当然義務自己に関係する後者でなければならない．この仮説は表5-2のデータでも確かめられている（辻ら，投稿中）．

表 5-2 完全主義得点の下位尺度得点の平均値（標準偏差）および差の検定

	完全性追求	不完全性忌避	固執的努力
患者群($N=70$)	15.07(3.95)※	16.36(4.27)※	17.39(3.02)
対照群($N=206$)	15.39(3.91)	14.09(3.84)	16.64(3.39)
$t(df=274)$	-0.580	4.137**	1.652

注；**$p≦.01$，※欠損値があったため，$N=69$；$df=273$

　なお，情動障害の患者では「精神交互作用」も「思想の矛盾」もどちらの機制も働いているはずであるが，心気症，パニック障害，全般性不安障害，うつ病（抑うつ神経症）などでは「精神交互作用」のほうがより重要な役割を果たし，強迫性障害では「思想の矛盾」のほうがより重要だと見てよかろう．

2　治療の理論と技法

2-1　治療の実際

　森田療法の原法は入院療法である．近年，森田療法を改革し現代化をはかるという試みが多くなされるようになり，森田の原法がどのようなものであったかが見えにくくなっているように思われるので，少々くどくなるが，この原法を忠実に守っている京都の三聖病院（院長：宇佐晋一）での治療の進め方をざっと見ておこう．

　第1期：絶対臥褥期　入院すると，患者は4〜5日間隔離されて，「まるで生まれたての赤ん坊のように」（宇佐, 2004），寝たきりの生活をさせられる．食事や排泄のとき以外は，起床を許されない．第1日目には，今までのわずらわしい刺激から解放されるので，患者はホッと安心する．しかし，何もせずに寝ていると，2日目くらいになると悩みや心配がわきおこってくる．ただし，それを話すこと（雑談）も気晴らしも許されない．それどころか，苦悩や煩悶をまぎらし逃れようと工夫するのではなく，進んで煩悶するようにと指示される．これは，行動療法の立場からは，内的な不安や悩みへの「エクスポージャと回避反応の防止」と見なされよう．こうして苦悩・煩悶に向き合っていると，苦しみが突然なくなり，爽快な気分になることがある．森田のいわゆる「煩悶即

解脱」である．この体験は勇気，自信につながり，治療の継続を動機づけるものとなる．しかし，こうして臥褥していると，4，5日もすると退屈でたまらなくなり，身体を動かしたいという健康な活動意欲（生の欲望）が高まってくる．

第２期：軽作業期 この時期に入ると，患者は「四方八方に気を配り，よく注意して仕事を見つけて，ぼつぼつやりなさい」（宇佐，2004）と指示され，臥褥によって高まった活動意欲を，軽い作業や病院内の草花や動物などの観察に向けていく．就寝時間以外は自室に戻ることが許されず，気晴らしや談話も許されない．なお，この段階以降は就寝前に日記を書くことが義務づけられる．

ここでの作業は強制されて行うものでも，症状の苦痛から逃れるために行うものでもない．患者が自ら見つけて，自発的に行うべきものである．しかし，臥褥を経験した患者は活動意欲が高まっているので，自発的に作業に取り組める．苦悩や煩悶がおこってくることもあるが，戦ったり逃げたりせずに静かにもちこたえて，作業を続けるようにする．

こうして作業を始めると，患者は活動意欲に燃えていたにもかかわらず，しばしば作業に気乗りがせず，集中もできない．また，症状が気になり，不安や悩みがわきおこってくる．治療への疑問も生じる．したがって，これらの問題はしばしば日記に書いて訴える．これに対して主治医は，患者の不安や悩みには一切答えず（不問），「そのままでよろしい」と赤ペンでコメントし，「事実のみを書き，悩みや感じたことは書かないように」と指導する．気が乗らず作業できないという訴えには，「気分本位」であることを指摘し，「気分を変える必要はないので，そのまま作業するように」と指導する．治療への疑問には「信じないままでよいので，作業をするように」と助言する．不安や悩みをもったまま課題に取り組むことができれば，「事実本位」「それで満点です」などとコメントし，少しでも作業が進捗すれば「よくできました」と評価し力づける．このようなコメントは，患者が注意を外界の事実に向けて，課題に自発的・能動的に取り組むのを促進する．

第３期：重作業期 全身を使う力仕事，難しい仕事，人の嫌がる仕事などを，患者が自ら探し出して積極的に行う．神経質患者は仕事の品格や体裁などにとらわれやすい．それゆえ，トイレ掃除でもドブさらいでも，必要な仕事を見つ

け出して，選ばずにやらせる．こうして作業を進めていくと，小さくとも必ずその成果が現れてくるので，「価値観の没却」「不可能なことなし」を体得できる．達成感や自信などももてるようになる．森田療法専門病院では，患者は第3期以降には自治組織に参加する．ここでは，作業の割り当てや進め方なども患者同士が話し合って決めるので，患者は自ら仕事を工夫し努力を重ねるだけでなく，他の患者のためにも気を使わねばならなくなる．この他者への気配りが自分の心に対するはからいを少なくして，自分本位からの脱却を促すことにもなるのである．

第4期：複雑な社会生活期　第3期までは，患者は自分の興味に任せて作業を進めればよかった．しかし第4期になると，自分の興味やこだわりを離れて，外界の変化への順応が目指される．それゆえ，患者は必要に応じて院外への買い物や，通学・通勤が許される．ただし，気が向いたら出かけるというような「気分本位」は許されない．いやなことや面倒なことでも，感情そのものは否定しないが，やるべきことはあきらめずにする．面倒なら工夫を加えて，なすべきことを完遂する．ハラハラドキドキしながら行動すればよいのである．ここでは自分の心を欺かない「純な心」にのっとり，「境遇に従順」になることが目指される．このようにして社会生活に馴染み復帰する準備を進めていくのである．以上をまとめると表5-3のようになる．

2-2　言葉による理解

次に，治療の特徴を見ていこう．心理療法は伝統的に言葉によって分析を行い，治療を進めてきた．これは精神分析でも認知療法でも変らない．ただし，多くの心理療法は言葉そのものではなく，その裏にある感情や無意識に焦点を当てて理解しようと努めてきた．これに対して認知療法では，不適切な認知（信念，評価仮説）とその言語表現を重視して分析し，その修正を行う．すなわち，まずA，B，Cの各要素を同定してから，患者の信念や評価の内容を明確にして，そこに誤りや歪みがないか調べ上げる．ここでは一般に，「そう信じる証拠は何ですか？」「その反対の証拠はありませんか？」「別の見方はできませんか？」……と，ネガティヴな信念の根拠を問い詰めていく．こうして信念の間違いを患者に確認させ，これを修正させることによって，感情や行動の

表 5-3 森田療法の手順と治療目標

治療手順と行動	治療目標
Ⅰ期：臥褥安静期（4～7日間） 　安静と睡眠	①心身の疲労回復 ②煩悶即解脱
Ⅱ期：軽作業期（1～2週間） 　手作業：縫い物，折り紙，パッチワーク，プラモデル，部屋の整理，草取り日記つけと規則正しい生活リズム	①自発性の発揮 ②気分本位の打破
Ⅲ期：重作業期（3～4週間） 　全身的作業：畑仕事，庭掃除，炊事の後片付け，洗濯，終日作業を続ける	①価値観の没却 ②不可能なことなしの体得
Ⅳ期：日常生活訓練期（1～4週間） 　通信と会話の再開	①境遇に従順 ②純な心の体得

注；用語が本文と違うところがあるが，引用のままとした． 　　　　　（田代，2001）

修正をしようというのである．

　森田療法はこれらのいずれとも違って，言葉による分析や理解に治療的価値を認めない．森田理論の中核をなす「精神交互作用」や「思想の矛盾」も，これらを知的に理解しただけでは何の役にも立たないばかりか，有害でさえあるという．説得療法ももちろん，その価値を認めない．「病気に対する恐怖を念頭より去るべし」などと説得するのは，人の感情を無視するもので，「毛虫を愛好せよ」と強要するのと変らず，思想の矛盾と同じ過ちを犯している，という．

　もちろん，森田療法といえども，まったく言葉を使わないわけではない．臥褥期には医師と患者との直接の対話が行われるし，日記指導や講話のように言葉を使った働きかけもある．しかし，原則としては「不問」である．治療者は患者の訴えには耳をかさず，疑問や問いかけを許さない．病院には禅道場のような静寂がただよっている．このように不問を重視するのは，表面的な理解によって患者の体得的理解を妨害しないようにと考えるからである．また，治療者が患者の訴えを聞くと，患者が症状に注意を集中して，精神交互作用を長引かせかねないからでもある．

2-3 「とらわれ」と「あるがまま」

　それでは，森田療法では何を目指して治療がなされるのであろうか．それは

「とらわれ」を脱して,「あるがまま」を実現させることである．ここで「とらわれ」とは,不快な症状や悩みが気になって頭から離れない状態であり,なおかつ,この症状や悩みをどんな工夫をこらしてでも治すということに頭がいっぱいになっている状態をいう．また「あるがまま」は,不快も苦痛も生成変化する自然の一部としてそのまま受け入れ,それに服従することである．

　これは,ネガティブなことでも,あきらめて受け入れろという「諦観思想」の一種と思われるかもしれない．しかし,そうではない．森田は人間の基本的な欲求として「生の欲望」と「死の恐怖」があると考えている．ここで生の欲望とは,「よりよく生きたい,人に認められたい,幸福になりたい,向上発展したい」というような生存欲のことをいう．また死の恐怖とは,「死を恐れ,病を苦にし,不快・苦痛を気にする」心情をいう．森田の自然服従は,死の恐怖からくる症状をそのまま受け入れるということだけでなく,建設的に生きようとする生の欲望に素直にしたがうことでもなければならない．症状はあるがままに受け入れて,それに悩み苦しみながら,なすべき仕事に建設的に取り組むことが重要なのである．したがって,「あるがまま」は絶望によるあきらめでもなければ,気分に支配される「気分本位」でもない．建設的な目的や現実を重視した「目的本位」「事実本位」の態度なのである．

　こうして注意が仕事に向かうと,結果的に,精神交互作用の悪循環から脱することができ,症状は気にならなくなる．もちろん,これで直ちにネガティブな感情や症状がすっきりとなくなるわけではない．しかし,ネガティブな感情や悩みを抑えたり排除したりせずに,「あるがまま」に作業に取り組んでいると,新しいエピソードが経験され,それにともなって別の感情が経験されるようになる．こういう経験を反復すると,新しい感情を学習することもできるので,もとの感情は自然に別のものにおきかわっていくのである．

　さて辻ら（投稿中）は,この「あるがまま」と「とらわれ」を測定する尺度を作成し,これを因子分析することにより,①事実本位の「あるがまま」,②悩みや心配などの想念や思考に拘泥する「思考へのとらわれ」,③感情や気分にひっかかる「気分へのとらわれ」,④症状に負けずにこれを克服しようとする「症状克服へのとらわれ」の4因子を得ることができた．

　この因子分析結果をふまえて考えてみると,「あるがまま」に関しては,健

表 5-4 あるがまま・とらわれの下位尺度得点の平均値（標準偏差），および差の検定

	あるがまま	思考へのとらわれ	気分へのとらわれ	克服へのとらわれ
患者群(N=70)	8.47(2.02)	16.77(2.25)	15.24(2.96)	12.57(2.81)
対照群(N=206)	9.69(1.88)	15.22(3.11)	12.28(3.05)	13.42(2.45)
$t(df=274)$	-4.610^{**}	3.846^{**}	7.070^{**}	-2.402^{*}

注；*$p \leq .05$；**$p \leq .01$

常者といえども，これを十分に実現しているとは考えにくいが，神経質患者にくらべれば，健常者（対照群）のほうが高いと予想できる．これに対して「とらわれ」の3因子については，患者群のほうが高いと推測できる．結果は表5-4に明らかなように，「あるがまま」と「思考へのとらわれ」，「感情へのとらわれ」については，この推測どおりとなった．しかし「症状克服へのとらわれ」は，患者群のほうがわずかながら低く予想と逆の結果であった．アドホックな解釈をするなら，この尺度はとらわれというよりも，積極的な対処への努力を捉える尺度になっていたとも考えられる．

2-4 時間制限と治療の構造

森田療法では治療を，①絶対臥褥期，②軽作業期，③重作業期，④複雑な社会生活期（日常生活訓練期），の4期（段階）にわけて順次進めていく．この4期はそれぞれおよその日数や治療手順が決まっており，それぞれに異なる課題あるいは目標が設定されている．入院した患者に要求されるのは，この各段階の治療手順にきちんとしたがうことである（表5-3参照）．段階の移行は「明日から第2期に入ります」というふうに告げられ，その度に新たな治療構造（手順と行動）が示される．

ところで，Mann（1973）の「時間制限心理療法（time-limited therapy）」では，治療回数を12回と決めることにより，患者は治療の前期・中期・終期の各段階を意識するようになり，力動的変化が生じやすくなることが明らかにされている．森田療法ではさらに，治療に明確な区切りをつけるので，それぞれの段階で新たな治療的展開が生じやすく，自然に各段階の治療目標が達成されるようになっている．認知行動療法などでも，たとえばリラクゼーションの後にエクスポージャの訓練に入るといった順序はある程度明確にされているが，

森田療法のように段階の区切りにより治療構造を明確にする技法は他に見られない．しかし今までのところでは，これに独自性を認めて，時期や段階に関する研究をしている研究者はいない．たとえば，この中の1段階で目標が達成できなかったときには，その次の段階にどのような影響がみられるのかといった研究が必要であろう．

3 認知療法と森田療法の比較

3-1 注意の問題

精神交互作用の理論からは，注意を自己から外界に転換すれば，精神交互作用や症状の増悪を避けられるだろうと推測できる．このような観点から井伊（1998）は Wells（1990）の注意訓練技法（attention training technique）に着目している．これは，症状とは無関係な外界の音に注意を向ける訓練法で，注意の制御を訓練する技法としては非常に有効なものである．また，注意訓練技法により注意を意図的に制御できるようになれば，「距離をおいて気にかけること（detached mindfulness）」が可能になると述べている．これは「自己の思考に気づいてはいるが，その思考に入り込んでしまわずに，あるいは反芻や精緻化を全開にせずに，その思考を観察できること」（Wells, 2000）と定義されている．確かに対象にのめりこまずに，距離をおいて，冷静で客観的な態度を維持できれば，細かな事象へのこだわりや注意の焦点づけは起こらず，精神交互作用や反芻などは避けられる．それゆえ，これは「あるがまま」に近い概念のようにも見える．しかし，客観的情報を入手するための手段として detached mindfulness を実現しようとするなら，それは森田の人為を排し自然に服従する「あるがまま」の精神とはまったく異なるものになる．

3-2 メタ認知の問題

Beck は ABC 図式にしたがって，論理性や現実性にしたがわない思考（B）が不適応的な感情や行動（C）の原因なのだと考えて，この不合理な思考（B）を徹底的に論駁することによって，論理的・現実的なものへと修正していこうと考えた．こうして認知（B）の修正ができれば，感情（C）もうまく制御・

矯正できるはずだと考えたのである．

　しかし，認知（B）の制御ができれば，感情（C）の制御ができるとはかぎらない．たとえば心臓病にかかったのではないかと恐れる心気症の女性について見てみると，専門医が膨大な検査結果を示して心臓病の可能性のないことを話して聞かせても，彼女は医者の説明を信じようとせず，医者や病院のハシゴをやめない．彼女は自分の疑惑を打ち消してもらいたいのだが，いかなる証拠にもなお不確実なところが残っているような気がして，心臓病ではないと確信できないのである．情動的な負荷をもつ信念は，直感的に確信されているので，理屈や証拠を示して論駁しても，なかなか変化しにくいものなのである．

　また，ある不登校の中学生は「学校には行くべきだし，行ったほうがよい」と思うようになったが，いざ登校しようとすると，恐怖に身体がこわばって，登校することができない．信念自体は合理的になったのだが，感情や行動が信念にしたがわないのである．

　このように，感情は理性的な説得や論駁では変化しにくい．また，理性的な認知の変化は必ずしも感情の変化をともなわない．したがって，合理的・理性的な認知と，感情的な認知との間にはしばしば齟齬が見られる．認知療法の効果は確かめられてはいるが，ABCの関係はBeckが考えたほど単純ではないのである．

　このような問題について，Beckの後継者たち（たとえばClark, 2004; Clark et al., 2004; Wells, 2000）は，古典的な認知療法家が信念の内容ばかりを問題にして，信念をモニターし，評価し，制御する「メタ認知」を考えてこなかったことを問題にする．上記の心気症患者は客観的なデータよりも心臓がどきどきして痛みを感じるという自己のフィーリングを重視するという評価方略（メタ認知）をもっているから，不安を打ち消せないのである．全般性不安障害の患者が心配や反芻をやめられないのは，「心配や反芻は安全に役に立つ」「最悪の事態を考えておけば，驚かされることはない」というような「メタ認知」をもっているからである．また強迫性障害の患者が侵入思考をしつこく制御しようとするのは「考えたことは現実になる」とか「それをコントロールしないと自分の責任になる」などというメタ認知をもっているからだと考えられる．それゆえ治療においても，ただやみくもに患者の信念に挑戦し論駁していくのではなく，

信念を方向づけている目標や方略などのメタ認知をきちんと捉えて，これをより適応的なものに変容していくことが先決だということになる．

しかし森田理論では，メタ認知などという概念はまったく使わないし，必要ともしない．もちろん，森田理論における「思想の矛盾」「完全癖（完全主義）」「あるがまま」「とらわれ」などの概念はメタ認知といえなくもない．しかし，メタ認知という捉え方をしなくても，森田理論の枠組み内で十分に説明できるのである．

3-3　普通論理と感情論理

森田理論では，理屈と感情が齟齬をきたすのは，それぞれが異なる論理体系に依拠しているからだと考える．すなわち，現実を知り，論理的な推論をするのに使われる「普通論理」と，感情の生成変化にかかわる「感情論理」はまったく別の論理であり，両者の間に上下関係はない．

森田によると，精神病理学は客観的で合理的な「普通論理」によって構成されている．精神交互作用や思想の矛盾の理論ももちろんそうである．したがって，精神科医や臨床心理士でなくても，だれにでも理解できる．もちろん，患者も例外ではない．しかし，このような病理学的知識をもったとしても，感情や症状を制御するのには役に立たない．感情や症状は「普通論理」ではなく「感情論理」あるいは「感情の法則」にしたがって変化するからである．それゆえ，心理療法は「感情の法則」にあうように構成されなければならない．それは「人為」を排して「自然」に服従することである．自然に生じる感情は，たとえネガティブなものであっても，「あるがまま」に受け入れて，ことさらに排除したり制御したりはしないということである．

したがって森田療法では，恐怖のような感情も人為的に制御しようとせず，そのまま恐怖させる．これが「恐怖突入」である．これは表面的には認知行動療法の「エクスポージャ」の技法と変らない．ただし，認知行動療法では，不安，恐怖，悩みなどを除去・克服すべき異物と見なすのに対して，森田療法ではこれらはあって当然のものであり，なくすべきものとは見なさない．必要なのは，それへのとらわれをなくして，あるがままに受け入れることである．これが実践できれば，感情は時間の経過とともに自然に消失するので，もはや問

表5-5 経験的体系と合理的体系の比較

経験的体系	合理的体系
1 全体的	1 分析的
2 情動的：快楽対苦痛志向（何がよいと感じるか）	2 論理的：合理性志向（何が合理的か）
3 行動は過去の経験からの雰囲気（vibes）によって媒介される	3 行動は事象の意識的な評価によって媒介される
4 現実は具体的イメージやメタファーによって符号化される	4 現実は抽象的象徴（言語と数）によって符号化される
5 迅速な処理：即時的行動を志向	5 緩慢な処理：遅延的行動を志向
6 緩慢な体系の変化：直接的または間接的経験の反復による変化	6 すばやい変化：思考の速度で変化
7 経験から直接学習	7 経験の象徴的表象から学習
8 粗大な分化と統合：連想的，範疇的で，情動複合体に体制化されている	8 より高度な分化と統合
9 受動的，前意識的に体験される：情動に振り回される	9 能動的，意識的に経験される：思考をあやつる
10 自明的妥当性：体験は疑いようがない	10 論理と証拠により証明することが必要

(Epstein, 1990)

題ではなくなる．これで全治となる．

「普通論理」は自己以外の対象を意識的・論理的・現実的に捉えて理解し制御するのには有効であるが，自己の心を制御するのには有効でない．これに対して「感情論理」は心を理解し，制御するのには不可欠であるが，物理的対象の理解は歪めてしまう．Epstein (1990) はこれと同じ2つの論理体系を「合理的体系」と「経験的体系」として理論化している（表5-5参照）．ここでは，合理的体系と経験的体系は対等であり，前者によって後者を制御するというような発想はなされていない．

Epstein の理論は森田理論や森田療法における観察事実とよく整合する．しかし残念ながら，これを実証する試みはわずかしかなく，しかも，積極的にこれを支持する結果はほとんど見出されていない．たとえば Epstein らはこの2つの能力を弁別できる REI（Rational Experiential Inventory）という尺度の作成を試みているが，因子的妥当性や弁別的妥当性はなかなか期待するレベルに達しない．

3-4　感情の法則

　森田（1928）の「感情の法則」は，Epstein の2つの体系より60余年も前に発表された．しかし感情の消長に関しては，これ以上に正確な記述は現在のところ見出だせない．これは，患者の感情をどう理解し対応していけば，治療をうまく進行させられるのかを教えてくれる最も有力な法則である．森田療法がこの法則にのっとって構成されていることはいうまでもなかろう．

　これによると，①感情は自然にまかせておきさえすれば，いったん強まっても自然に消滅する．また，②カタルシスによって急速に消失することもある．さらに，③慣れれば不感にもなってくる．叱られてばかりいる子が叱られるのに慣れっこになるようなものである．感情は感じるままにしておくことが肝要であり，「寒いときには寒いと感じ，苦痛や恐怖は苦痛・恐怖し，煩悶もそのまま煩悶すればよい」のである．それゆえ森田療法では，感情はそのままにしておき，目の前の課題に自発的に取り組むことが求められる．これがうまくいかないとすれば，それはこの①～③の法則を守らず，「いたずらに人工的の拙策を弄」するからである．すなわち，④怒りを相手にぶつければ相手も自分に怒りを返してくるので，相互に怒りを強めあうことになる．また，自分の症状や苦痛を人に訴えると，注意を症状に集中することになるので，精神交互作用を生じ，症状はますます重くなっていく．感情はこうして強められるのである．最後に，⑤感情は新たな経験をすることによって学習することもできる．新しい食物を食べてその味を知ること，成功の反復により勇気と自信ができ，失敗の反復により臆病，卑屈となることなどは，この感情の学習に相当する．この最後の法則は条件反射学説をとりいれたものであり，感情「変容」の法則となっている．

　このように森田の立場に立つかぎり，感情を理解し変容をはかるには，感情の法則にしたがうことが必要だということになる．これは「あるがまま」の実践であり，人為的な制御の放棄である．制御を放棄したとき，感情は真に生き生きしたものになり，よい適応に導いてくれる．しかし森田も，外的な世界を制御するには合理的・現実的な知識が不可欠であるとし，すべての制御を放棄せよとはいわない．それは，Epstein のいわゆる合理的および経験的体系の違いに，森田自身が十分に気づいていたからだと考えられる．

4 おわりに

森田療法は禅堂での修行にもたとえられるようなストイシズムをもっており，現代の日本人には，耐えがたいものになってきている．それゆえ最近では，森田療法の父性的厳しさを母性的な看護体制で補って，現代化を図ろうとする動きなどもでてきている（内村，1992）．また，入院をやめて外来で行う外来森田療法（橋本，2000；伊藤，2000），森田の理念をカウンセリングに生かそうとする森田式カウンセリング（増野，2001）なども工夫されている．さらに，森田の精神を生活の中で生かそうと，相互援助システムをつくりあげた「生活の発見会」（菊地，2000）の動きも目が離せない．このように現代人にも受け入れやすい森田療法を工夫し，神経質や抑うつ以外の障害にも適用を試みること，これらの試みを基礎的な認知心理学と関係づけて，研究の方向づけを確かなものにしていくことなどは，森田療法の発展にとって非常に大切なことである．

しかし，本章ではその前提として，森田療法本来の優れた理論や技法を，認知心理学や認知療法的視点から再確認し，今どのような研究が必要とされているかを論じた．その結果，森田療法研究の紹介が少なくなってしまったが，ご容赦いただきたい．

引用文献

Beck, A. T. 1976 *Cognitive therapy and emotional disorders*. International Universities Press.

Buss, A. H. 1980 *Self-consciousness and social anxiety*. Freeman.

Clark, D. A. 2004 *Cognitive-behavioral therapy for OCD*. Guildford Press.

Clark, D. A., Purdon, C., & Wang, A. 2004 The meta-cognitive beliefs questionnaire: Development of a measure of obsessional beliefs. *Behaviour Research and Therapy*, **41**, 655–669.

Epstein, S. 1990 Cognitive-experiential self-theory. In L. A. Pervin (ed.), *Handbook of personality: Theory and research*. Guilford Press.

Fenigstein, A., Scheier, M. F., & Buss, A. H. 1975 Public and private self-consciousness: Assessment and theory. *Journal of Consulting and Clinical Psy-*

chology, **43**, 522-527.

Higgins, E. T. 1987 Self-discrepancy: A theory relating self and affect. *Psychological Review*, **94**, 319-340.

橋本和幸 2000 外来森田療法①：精神科クリニック．こころの科学，**89**, 47-51.

井伊智子 1998 認知行動アプローチから見た森田療法の意義：注意に焦点を当てて．森田療法学会雑誌，**9**, 209-214.

伊藤克人 2000 外来森田療法②：心療内科．こころの科学，**89**, 52-56.

菊地真理 2000 森田療法と自助グループ　こころの科学，**89**, 84-87.

Mann, J. 1973 *Time-limited psychotherapy*. Harvard University Press.

増野　肇 2001 森田療法と心の自然治癒力．白揚社．

森田正馬 1928 神経質ノ本態及ビ療法（1974『森田正馬全集』1巻．白揚社．）

Nakamura, K., Kitanishi, K., & Ushijima, S. 1994 A comparison of Morita therapy and cognitive-behavioral therapy for treating social phobia. *Journal of Morita Therapy*（森田療法学会雑誌），**5**, 149-152.

Rogers, C. R. 1959 A theory of therapy, personality, and interpersonal relationship as developed in the client-centered framework. In S. Koch（ed.），*Psychology: A study of science*, Vol. 3. McGraw-Hill.

丹野義彦 2001 エビデンス臨床心理学：認知行動理論の最前線．日本評論社．

田代信維 2001 森田療法入門．創元社．

辻　平治郎 1993 自己意識と他者意識．北大路書房．

辻　平治郎 2004 自己意識と自己内省：その心配との関係．甲南女子大学研究紀要（人間科学編），**40**, 9-18.

辻　平治郎・山田尚子・宇佐晋一・山本昭二郎　投稿中　森田神経質の特徴と森田療法の効果．

内村英幸（編） 1992 森田療法を越えて：神経質から境界例へ．金剛出版．

Usa, S., Yamamoto, S., & Tsuji, H. 1990 Self-consciousness, other-consciousness, and interpersonal anxiety in "shinkeishitsu" patients. *Journal of Morita Therapy*（森田療法学会雑誌），**1**, 168-177.

宇佐晋一 2004 禅的森田療法．三聖会．

牛島定信 2000 現代社会における森田療法の可能性．こころの科学，**89**, 32-37.

Wells, A. 1990 Panic disorder in association with relaxation-induced anxiety: An attentional training approach to treatment. *Behaviour Therapy*, **21**, 273-280.

Wells, A. 2000 *Emotional disorders and metacognition: Innovative cognitive therapy*. Wiley.

臨床認知心理学をめぐって

臨床認知心理学とライフサイクル

小谷津孝明

はじめに

　第Ⅰ部と第Ⅱ部の間に，ライフサイクル，広義の生涯発達の問題をあつかう本章を置く．臨床的な問題は，人の人生の進むありように照らして，実証的に考えられ解決されていかなければならないが，では「生涯発達における臨床的な問題解決はどうあるべきか」は，必ずしも狭義の実証性にとどまっていては考えることができない困難な問題を含んでいることも，また事実である．この章では，今後，実証的な認知臨床心理学が，発達やライフサイクルの問いをめぐって，どのように展開してゆくのか，ウイニコットやエリクソンの議論，そして仏教哲学における「四有の思想」などをかえりみながら，問題の広がりを考えてみたい．

　私が中学2年生の時であった．その母校は，今はもう廃校になってしまったが，東京は板橋にあった．そこは第二次大戦中，軍部が兵器廠として使用していたところで，うっそうと樹木が茂った幾重もの土手に囲まれていた．いや挟まれていたといった方がいい．したがって校庭は猫の額ほどで無に等しく，教室はバリアフリーというと聞こえはよいが，床は外地面と同じ高さの荒れたコンクリート仕立て，雨の日に私たち生徒の運動靴に付着した泥土がそのまま踏みつけられ，晴れた日でもこびりついたままで，ちょっとやそっとで剥がれることはなかった．それに設備と言えば，黒板と教壇と達磨ストーブがひとつだけ．冬季は，授業中オーバーを着ていることが許されていたが，寒さに身体が震えるのはどうしようもなかった．それに第二次大戦後間もなくのことで，生徒の家の貧富の差は甚だしく，オーバーの類を着ていない仲間もいると思うと，

皆は黙って耐えた．昼休み時間に教室裏の陽だまりでする剣玉遊びが待ち遠しかった．スポーツでは卓球が流行っていたが，運動で身体を暖めようと卓球台の置かれている別棟に先を争って走っていく者もいた．

　そんな環境ではあったが，40人足らずが1クラスで，2クラスの仲間同士，いじめも不登校もなく，元気に仲良く机を並べていた．校長先生の子はさすがに成績優秀な上，野球がうまく左投手のピカイチだった．習字の先生の子は先生に似て口数が少なく，中学生にして既に大人の感覚を持っていた．そば屋の子はリッチでお洒落，いつもよい身なりをし，学帽がよく似合った．下校時にすれ違う他校女子学生たちにもてた．八百屋の子は全くプアで，事情を知った校長先生の温情で，授業料は免除されていた．別に成績優秀な特待生というわけではなかった．銀行員の子は，お父さんは確か日本銀行にお勤めで，家庭教育がしっかりしていたせいか真面目で穏やか，そして地主の子等々，皆平等で，互いを退けることなどまったく無かった．

　先生と言えば，後述する担任の青柳先生は国語を担当，1年間百人一首の授業をていねいにしてくださった．それは幼い私たちの心にも教科書からは得られない斬新な響きを感じさせるものであった．Bクラスの担任は工作の先生だった．私たちは授業を直接受けた記憶がない．体育の先生は大車輪のうまい先生だった．私は鉄棒の時間に逆上がりが出来ず，この先生に「運神（運動神経）が無いな」と言われ落ち込んでいたが，暮れなずむ夕暮れの中で幾度も幾度も私の尻を押し上げてくれたのは，この先生ではなく担任の青柳先生の方だった．数学の先生は，校長先生のご長男で，距離と時間に関する応用問題を一次関数で解く方法を，冷静な口調で教えてくれていたというイメージが残っている．頭脳の切れる人という印象を持った．他に，地学の先生がぼそぼそした口調で理科を教えてくれていたが，毎回，授業時間のスタートから，前回の授業の「まとめ」をする先生で，「まとめでない」話をちっともされないのが不思議だった．

　その頃，オルコット（Luisa May Alcott）原作の「若草物語」("Little Women")が監督 Mervyn LeRoy で映画化され，巷間の話題になっていた．長女メグは Janet Leigh，次女ジョーは June Allyson，三女ベスは Margaret O'brien，四女エイミーは Elizabeth Taylor が，それぞれ演じていた．それを

私たち仲良し3人組の2人，小窪と勝股両君が観に行ったのだった．その翌日のことである．担任の青柳先生が彼らを呼び寄せ，「お前たち，昨日2人で映画に行ったね．独り置いていかれた小谷津は寂しそうだったぞ」とちょっと独特な方言訛りで諭すように言い，教員室へと去って行かれた．先生の話を耳にした私は，正直，ちょっと嬉しい気持がしたが，先生を追いかけて行き，「先生，2人は僕をちゃんと誘ってくれたんです．だけど僕はお小遣いがなくて，行かれないとこたえたんです．彼らは悪そうな顔で，『じゃあな』と言って，出かけました．彼らはちっとも悪くないんです」と，しどろもどろに説明した．するとその途端だった．青柳先生はさっと顔色を変え，踵を返して2人のところに戻って来て，「さっきは事情を聞きもせず，悪かった．話は小谷津から聞いた．ごめん」と，しっかり頭を下げて詫びられたのである．中学2年生の私たちにである．その瞬間から，私にとって，いや私たち3人にとって，先生は"絶対"となった．そして私たちは，幼心に，「将来は青柳先生のような先生，あるいは青柳先生のような大人，になりたい．そして，私たちのような生徒や若い人たちのためになりたい」と，心底そう思ったのである．

　D. W. ウィニコットは，「あらゆる人間は，生きていきやすい環境や啓発的な環境が与えられると，身体的な面と同時に情緒的な成熟へ向かう成長や，社会に対して積極的に貢献しようとする意志の成長へのはずみが，本能的に備わるものである」という考え方をしていたと聞く（デービス＆ウォールブリッジ，1984）．その意味では，青柳先生はまさしく"ウィニコット"であった．私たちは，先生のお陰で，確実に，成長への大事な一歩を踏み出せたと思うのである．そしてさらに言えば，どんなに貧しい環境にも，人が生きていきやすい環境や啓発的な環境はあるものであり，いやそうであるからこそ，よりよき将来を志向する意志も生まれる可能性がある．人の成長や発達にとって何よりも重要なのは，共に生きる人あるいは人々の啓発的な関係性が構成する人間的環境なのである．

ライフサイクルの視点

　臨床認知心理学は，人の一生においてもつ問題を対象とする以上，生涯発達

の視点，ライフサイクルにおける生成発達の視点を忘れてはならない．ライフサイクルという言葉は，よく考えてみると，一個人の人生が誕生してから死をもって完結するまでを一サイクルとするという意味で使われる場合と，他方で，ある個人が親・先生・大人など前の世代によって育てられつつ，今度は次の世代，子・生徒・青年などを育てる者となってゆく "generation and regeneration" の cyclic sequence という意味で使われる場合とがある．前者において認知の生涯発達は，個人が誕生して生長し，学童期を経て青年期となり開花し，壮年になり実を結んで，老年となり落ち着くという，言わば，生成〈なる〉もしくは成熟〈うれる〉の論理を軸とする一方，後者の認知生涯発達は，個人が子どもとして前の世代によって育てられつつ大人になり，今度は大人として次の世代を育ててゆくという，言わば作為〈させる〉もしくは教育〈される〉の論理を軸とする．

この場合，生成の論理は〈個体発生〉に発し，〈自然な生成〉，〈潜在的のものの発露〉，〈社会化〉などが開花する論理であり，発達に連続性を生む．他方，作為の論理は〈系統発生〉に発し，個体が前の世代によって教えられつつ，今度は次の世代を教えてゆくという，〈教育〉の〈世代継承〉を支配する論理であり，発達に非連続性を生みだす．

「青柳先生と私たち」のエピソードは，まさに両者を軸として起こった．青柳先生の行為は作為・教育というにしては無意図的で，むしろ先生の人柄から自然に発した行為であったかもしれない．しかしそれはまさしく教育の場で起こった．過ちを過ちとして真っすぐに認め，たとえその過ちを侵した相手がずっと年下の生徒であろうと，謝罪する．その当たりまえとも言うべき行為が私たち生徒の素直で多感な心を揺さぶった．

私たち3人はその揺さぶりを揺さぶりとして受けられるだけに成長しており〈発達の連続性〉，その揺さぶりが私たちの心に，「将来は青柳先生のような先生になって，私たちのような生徒や若い人たちのためになりたい」と，今までになかった考えを生み出し，私たちの精神をワンステップ進めたのである〈発達の非連続性〉．その意味では，発達とは連続性と非連続性の複合作用と考えられるのである．

またあるいは，そのような行為は教えてゆくべきものの一つだという〈信

念〉が青柳先生には在ったのかもしれない．個人の心の中に為すべき行為としてそのような〈信念〉が育つためには，その〈信念〉がその個人のアイデンティティ確立のプロセスの中に反復して生み出されるだけでなく，その世代継承の連鎖の中で，何度も生み出され，また生み直され，そして，何世代もの確認を経て，不変の真理として，生き残っていくものでなければならないと思われる．

ライフサイクルと発達段階説

先に述べたように，生成・成熟と作為・教育に関して相互作用的な立場をとるのが一般的と思われるが，フロイトやその継承者たちは，性的リビドー論からも明らかなように，生成・成熟のほうが強調される．そして，フロイトの提示する基本的な段階は，口唇期，肛門期，男根期，潜伏期，成熟期（青年期）であるが，ある段階における生成・成熟が不十分であると，それは後の段階において，もはや回復し難いものであり，不可逆的で好ましくない影響が将来避けられないと考え，〈固着〉といった概念を生んだ．フロイトやその継承者たちは，上述のように発達段階を青年期くらいまでしか考えていないが，彼らはすべからく精神障害というものはそれまでの段階にもった精神的外傷によるという決定論的思考をしていたからであろう．

これに対して，エリクソン（Erikson, 1950）は，「人格の生涯発達は，社会・文化的影響を受けつつ，次第に分化し，構造化され，その構造の組み替え，すなわち再構造化が行われてゆくプロセスである」とし，人の一生を8つの発達段階，すなわち乳児期（口唇―感覚期），前幼児期（筋肉―肛門期），遊戯期（移動―性器期），学童期（潜在期），青年期（思春期），前成人期（性器期），成人期（生殖期），老年期（円熟期）に区分した．エリクソンはジグムント・フロイトに学び，アンナ・フロイトの訓練を受けたせいであろう．とくに最初の3つの段階は基本をフロイトの心理―性的発達におき，これと併行して，心理―社会的発達という面を加え，その後の発達段階に展開したのである（図A）．

この図Aはエピジェネティック図表とよばれるが，ではまずエリクソンの

	1	2	3	4	5	6	7	8
老年期 Ⅷ								統合 対 絶望, 嫌悪 英知
成人期 Ⅶ							生殖性 対 停滞 世話	
前成人期 Ⅵ						親密 対 孤立 愛		
青年期 Ⅴ					同一性 対 同一性混乱 忠誠			
学童期 Ⅳ				勤勉性 対 劣等感 適格				
遊戯期 Ⅲ			自主性 対 罪悪感 目的					
前幼児期 Ⅱ		自立性 対 恥, 疑惑 意志						
乳児期 Ⅰ	基本的信頼 対 基本的不信 希望							

図A　エピジェネティック図表

言うエピジェネシスとはいかなる発達観か．西平（1993）によれば，①成長するものはすべてグラウンドプランをもち，②このグラウンドプランから各部分が発生し，③その各部分が特に優勢になる時期をもち，④すべての部分が一つの機能的統一体を形づくるまで続くという．すなわち，発達とは，初めから一つのまとまりをもった全体像があり，それが次第に分化し，新たに発生した部分が特に優勢になると，それを軸に組み替え，すなわち全体像の再構造化がおこってゆくというのである．

エピジェネティック図表には，その各段階で新たに分化し発生してきた部分，すなわち，一組の「対」で結ばれた「心理社会的危機」と，その解決――再構造化――において獲得される「徳」とが書き込まれているが，これらについて各発達段階ごとに見てゆくことにしたい（以下，1）乳児期～8）老年期までは，特に断りがない限り，エリクソン（1973），エリクソン（1977），エヴァンズ（1981），細木照敏（1983），西平直（1993）等から，直接的・間接的に引用させていただいた．ここに著者，訳編者，訳者の方々に深甚の謝意を表する）．

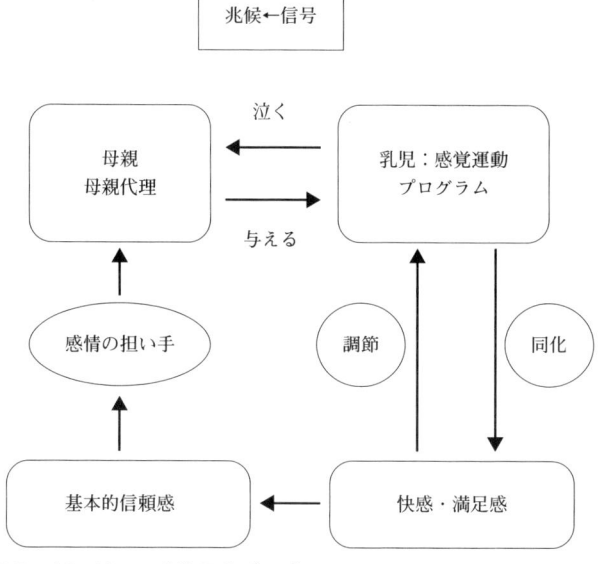

図B　ピアジェの感覚運動プログラムとエリクソンの基本的信頼感

1）乳児期（口唇—感覚期）——基本的信頼 対 基本的不信／希望

　まず最初の発達段階はフロイトの口唇期に当たる．年齢にして誕生からほぼ1歳までである．フロイトは，「口唇期」に発する本能的エネルギーは，正常な性的活動にも，倒錯的な活動にも，神経症的抑圧にも使いうるものと考えていたが，異常性と正常性は文化によって変わる．口唇性つまり受容器の口に集中する経験の複合体〈コンプレックス〉は，乳を含ませることによって食欲を満たし，抱擁することによって安心感を抱かせる母親，ないしは母親代理〈以後母親で代表する〉との関係において発達する．

　発達心理学のピアジェによれば，乳児には感覚運動プログラムが備わっていて（図B），空腹を感じて〈感覚〉，泣けば〈運動〉，母親はそれをサインとして受け止め，乳をふくませる．乳児はそれを感じ〈感覚し〉て，吸い〈同化し〉，満足とともに離す〈調節する〉．この感覚運動プログラムが機能するとき，乳児が母親を感じるようになれば，満足感を生じさせてくれる存在として結び

つき，「基本的信頼」の担い手としての母親のイメージが生まれ，強化されるであろう．

また，対人関係論のサリバンは以下の3点から，人は，他者からの関わりの総体として自己（自己組織）を成長させるという（チャップマン＆チャップマン，1994）．

①人は，無力なまま，人に面倒を見てもらえることを前提に生まれてくる．従ってその生存の如何は，結果として周囲の重要人物（母親）に依存する．

②人は生まれながらにして，欲求充足的存在である．それは食欲，睡眠欲の生物的欲求からはじまり，自己保全の欲求が加わる．

③人は自分が承認し自分にとって必要かつ心地よいものは取り入れ，不要かつ自分にとって不快なもの・不安なものは意識の外へ排除する．

その場合，乳児にとって必要かつ心地よいものとは，食欲を満たしてくれる乳であり，母親の乳首 good nipple である．したがって good nipple を提供してくれる，面倒見のよい母親がいれば，その母親を信頼できる存在と感じる傾性＝基本的信頼感が発達して行く．逆に，母親が気ままにしか面倒をみないようであれば，bad nipple を感じ，結果として「基本的不信感」が根づく．

したがって，この段階で学ぶ基本的な「心理社会的態度」は，いわば，乳児が自分の母親の姿を通して自分の世界を信頼できるようになることである．つまり，母親はすぐ戻ってきてきっと乳を与えてくれること，適当な時間に適量の適切な物を与えてくれること，そして不安になったとき，母親がきっと来てくれて不安を解消してくれること，それが「基本的信頼」というものであり，またそれを期待して待つ力すなわち「希望」という名の「徳」が乳児に獲得されるのである．

乳児の中に母親に対するこのような基本的信頼が根付くか，それとも基本的不信が根付くかの分れ目は，乳児にとって一つの心理社会的危機といえる．この心理社会的危機をどう乗り越えてゆくかの術は，乳児の側にはない．母親の側に握られている．一言でいって，母親に面倒見のよさが要請されるのである．その面倒見のよさは，現実生活の中では，何についてどの程度欲求を充足し（したがって信頼を根付かせる方に作用する），どの程度欲求を抑制し（それは不信を根付かせる方に作用する）て差し支えないかが問題となる．その質と比

率は，その親子の家庭状況，そして親子が属する文化，社会，人種によって異なるであろう．母親は自分たちの家庭の状況，文化の様式に適合した方法でその術を学びとり，適用していかねばならない．

ここで基本的信頼感に2種類があることを付言しておく．それは，英語で表現すると理解しやすい．fundamental feeling of trustfulness と fundamental feeling of trustworthiness である．前者が上述してきた「母親に対する信頼感」，後者は，自分がこうすれば欲求が叶えられるのだという「自己に対する信頼感」である．

さて，母親の面倒見の悪さは，乳児の中に，基本的不信感を根付かせ，「希望」ならぬ「絶望」をもたらす．乳児が泣いても，乳を与えたり与えなかったり，おしめを取り替えたり取り替えなかったりでは，乳児には母親に対する「信頼感」の根付きようがない．乳児の方でも自分がどう泣いてもわめいても，それに定常的に的確に応える反応が得られない．これでは「自己に対する信頼感」ももちようがない，これが嵩じて，乳児は感情の無変化をきたす．よい母親的人物というものは，乳児の泣き方から今乳児が何を欲しているのか，を的確に判断し，その欲求を満たしてやるものである．

2）前幼児期（筋肉―肛門期）――自律心 対 恥・疑惑／意志力

サリバンがいう good nipple を感じ，母親に基本的信頼感を抱くようになることは未だ受動的意識の段階である．これに，自己に対する基本的信頼が加わるようになると，ある程度の能動的な意志的制御が働くことになる．その始まりが，2番目の発達段階，フロイトのいう「肛門―尿道期」の始まりである．フロイトはこの期が大小便の意識的制御が可能となる時期として，節約，貯蓄などいろいろな性格特性の基になると考え，その発達が不十分であることに「肛門期固着」という概念を当てている．

エリクソンは，約1年の口唇―感覚器を経て漸成的に発達してくる2,3歳までの段階を，意志的制御が加わる「筋肉―肛門期」として捉え，肛門括約筋をはじめ全身の筋肉が成熟し，自分の意志の力で身体のコントロールを可能にする時期であるとした．

幼児は大便や小便のコントロールを初めからきちんとできる訳ではない．便意は脅迫的に起こってくる．行動が母親の手を離れる初期には，その自律的コントロールはいまだしで，結果として，おもらしをし，親や周囲の人物からは失敗を口にされ，恥ずかしい思いをする．「自律心」対「恥」に関する「心理社会的危機」の発生である．この幼児は，その恥ずかしさを乗り越えつつ「自律性」を高めて行かねばならぬ時，「自己コントロール力」を身につけて行かねばならぬ時に差し掛かっているのである．

　自律性を獲得し，この心理社会的危機をのりきるには，親的人物のあたたかいいたわりが不可欠である．幼児はいつコントロールに失敗するか，常に不安を持つ．それまでに或る程度身につけてきた自己コントロール力の不意の喪失に対する不安である．排便などの失敗に対して冷ややかな対応をとる環境におかれると，幼児はそのことにこだわって，ますます不安が嵩じ，神経質になり，自律性の獲得が遅滞するばかりか，不安神経症となる恐れが心配される．親的人物を中心として周囲の大人は，幼児が便意を感じてそれをおしえ成功裡に排便を済ませられたときには「よくおしえられたね」「このごろちゃんとできるのね」と誉め，失敗してもそれを責めることなく「この次はおしえられるようになりましょうね」と明るく元気付け，自律性の獲得を動機づけるようにしたい．周囲の大人たちのこのような動機付けの助けがあると，幼児には，自律性を獲得しようとする「意志の力」が次第に，「徳」として身についてくるであろう．

3) 遊戯期（移動—性器期）——自発性　対　罪／目的

　肛門・尿道筋をはじめ身体各部の自律的コントロールが可能となると，第3番目の発達段階がやってくる．それは，性の区別に気づき，行動・生活空間が急速に拡大する，「移動—性器期」である．発達年齢から言えば3, 4歳，フロイトの男根期に当たる．この段階で，フロイトはエディプス・コンプレックスの概念，すなわち同性の親を憎悪し，異性の親を思慕する，を導入している．

　しかし，エリクソンはこれに対し，「本能的衝動は対象を必要とすることであって，母親が息子の最初の性器的空想の中に「自然に」含められることであ

る」と考えるべきで,「この時期になると子どもは自発的に新たな関心事や目標を見出さなければならないときで,この時期ははかりしれない新しい能力が子どもの中に発達する.そしてもしその潜在能力が十分適切に発達する機会に恵まれれば,子どもは深刻なエディプス・コンプレックスなどを発達させる危険は少ない」と言っている.

この期は,その行動的側面に注目して「遊戯期」と名づけられたように,子どもは「遊び」を通して多くの空想を持ち,身についてきた移動と認知の能力によって,それを自ら実行したり,自分が理解し認識できる人の仕事やその人格に同一視したりする.遊びは一人でするよりも親密な他の子どもたちと一緒にすることに特徴があるが,遊びに必要なものをつくるにも,物事を構成したり,計画したり,実行したりするにも,他の子どもたちと一緒になってすることを好む.そして大人からも喜んで学ぼうとし,理想の手本を進んで模倣する努力も喜んでする.理想の手本の中には絵本やテレビ番組の主人公,それも魅力のある,自分を同一化させたい人物が含まれるであろう.自分で「ウルトラマンだ」とウルトラマンの真似をしたり,おままごとをする中でお父さん役やお母さん役を演じたりするのがよい例である.

この同一化の仕事が子どもにとって魅力的でかつ多種多数にわたり,子どもは「多忙」となるため,幼児期の葛藤やエディプス的な罪悪感を,したがって心理社会的危機感をあまり経験することなく,自発性を発揮できるようになるのである.

換言すれば,子どもが学びはじめることは,「自発性」にもとづいて想像した物事に向かって,他の子どもと共同で進み,同一化を中心とした行動を展開することであり,そのことによってその「目的」を達成するという「徳」を得るのである.そればかりではない.それは,空想的であったものから実現可能なことや実体的なものへと,子どもの眼を向けさせ,実際的な大人の生活事態に結びつくことを可能にする.

4) 学童期(潜在期)――勤勉性 対 劣等感／適格

第4番目の発達段階を,フロイトもエリクソンも同じく「潜在期」と呼んだ.

年齢にしてほぼ5, 6歳から11, 12歳までである．フロイトは，潜在期とは未熟な〈幼児〉性欲からそれが活動しなくなる〈潜在的〉性欲段階への移行と考えた．性欲は，思春期においてそれが再活性化する前のこの時期，いったん小休止に入ると考えた訳であるが，それはフロイトが「この時期に性的エネルギーがどうなるかという事実的問題」にだけ関心があったからだといい，エリクソンは，この時期は子どもが自分の文化・社会の基本的知識と基本的運動能力を学ぶ時期であるといい，人生のこの年代では「学びたい」，「知りたい」という願望つまり好奇心が強くなる．そしてこの「学齢」時に特有な心理社会的危機すなわち「勤勉性」と「劣等感」に関する自我の葛藤が起こることを忘れてはならないという．

　この段階において子どもにとっての心理社会的危機は，知識や運動能力の習得に関して，自分を「不適格」であると感じたり，劣等感を抱いたりすることにある．子どもは，「知りたい」「学びたい」にもかかわらずそれを「知る」「学ぶ」術，ツールをもたない場面にしばしば遭遇する．そして自分に必要とされる知識や運動能力がないことに絶望し，「自分は駄目な人間だ」，あるいは「不適格な人間だ」と考えるようになる．いたずらに「勤勉」を要求するより，現在もてる知識や運動能力で意義のある役割の果たせることを子どもに理解させる方法が重要な意味をもってくるのは，この時期である．家庭が子どもに対する学校生活のための準備を怠り，あるいは学校がより幼い時期の知識や運動能力で出来ることを支持しない場合に，多くの子どもは分裂の憂き目を見るのである．

　一方，自我の発達を主眼におけば，心理社会的危機の解決は「劣等感を克服すべく勤勉性を身につけていくという内的統合」にあるといえる．その意味では，「危機とはその人格の自我の内部における葛藤の闘い」であり，「危機の解決とはその発達段階で生じてきた心理社会的危機を内的に統合するという仕方で葛藤を自我が乗り越えてゆくこと」である．その際，問題となるのは，自我がその内的統合をどの程度のところに落着させるか，すなわち劣等感をどの程度まで認め，勤勉性をどの程度まで望むことにするかであり，また，何が自我をしてそうした「望ましい比率」で危機を乗り越え「徳」を獲得してゆくことにさせるのか，逆に，何が「望ましからぬ比率」のまま危機を持ち越し「不

徳」を得てしまうことにさせるのかである．それは，その個人と係わる「他者」や「社会」のあり方が関係するものと思われる．例えば，「望ましい比率」すなわち「勤勉をよしとする比率」で危機を乗り越える学童は，「先生，学校」という「他者，社会」の，自我にとって「親和的な」評価や指導に接して「適格」という「徳」を獲得できるのに対し，他方，「望ましからぬ比率」すなわち「劣等でよしとする比率」のまま危機を持ち越す学童は，自我にとって「違和的な」評価や指導に接して「適格」という「徳」を得られないでいるのである．

ここに基本的な不協和傾向を因とする教育臨床の問題が発生する．自分の属する文化・社会の基本的知識と基本的運動能力を学ぶ場において「適格」という「徳」を得られない，さらには「不適格」の烙印を受けた学童には，「劣等，怠惰，不真面目」という評価を受ける結果，優等，勤勉，真面目な学童に対する「対立感情」あるいは「引け目」の感情が生じ，それが表面化すれば「際立った対立行動」（例えば，いじめ），内面化すれば「不活発」（例えば，不登校，自閉）が生まれる可能性がある．まさに，心理社会的危機をどう解決するかは教育臨床における基礎的な社会的問題なのである．その意味では，いじめや不登校は起こってから対処するよりも予防が大切である．教師や大人は，どんな学童に対しても「劣等，怠惰，不真面目」の評価はせず，いらざる「対立感情」は起こさせぬことが肝要である．「いじめの予防・対応は，人間としての尊厳を認め合う教育であり，いじめをこえる教育を創造する志にある」とする米田（2003）の言葉は重い．

5）青年期（思春期）──同一性 対 同一性拡散／忠誠

知識や運動能力との，そしてまたそれらを教える大人たちとの，良好な関係が確立され，思春期が到来すると，学童期は終わりを告げ，そして「青年期」が始まる．そしてそれに伴い，それ以前には信じて疑いなどもたなかった，自己のアイデンティティ（自我同一性）に関する不変性（自分はほかならぬ自分である）と連続性（生育史を通じて自分は一貫して連続である）の全てが問題として生じてくる．なぜならこの時期においては，急速な身体的成長と，全く

新たに加わってくる性器的成熟と，それに随伴する第二次性徴とが起こるからである．それは生理的革命ともいうべき身体的変化で，若者たちは，「自分が自分であると感じてきた自分が他者の目にどう認知されるか」とか，「それ以前段階で習得した知識，運動能力，社会的役割をその時期の社会的理想・規範にどう結びつけ，統合するか」といった問題にとらわれ，悩んだりする．そして時には，新たなアイデンティティの不変性と連続性を求めて，それ以前の時期の心理社会的危機に対処していく．

　自我同一性という形でまさに行われようとしているこの統合は，学童期およびそれ以前の種々の同一化の総和以上のものである．それは一個のまとまり，同一化の全てを統合する自我の能力の積み重ねられた経験である．この時に経験される自我同一性の感覚とは，望むらくは，自我がもつ内的な不変性と連続性が，他者が自分に対してもつ不変性と連続性のイメージと合致することであり，その認識は自信を生み，自分が理解している社会的現実の中に明確に位置づけできるようなパーソナリティを自分は発達させつつあるという確信に成長していく．

　これに反して，この発達段階における危機は，自己の「同一性拡散」，なかんずく，社会的役割の混乱である．エリクソンは，アーサー・ミラーの戯曲「セールスマンの死」の中での一青年のせりふ，「お母さん，僕は幾通りもの人生って奴をしっかりとつかめないんだ」を引用している．このようなジレンマや，若い人たちの心を悩ましているのは，職業に関する同一性を容易に固めることが出来ないことであろう．社会からの容赦のない画一化と強制された役割に辟易した青年は，さまざまな形の逃避を企てる．たとえば，学校や職場を離れたり，幾晩も家に帰らなかったり，近づき難いムードの中に閉じこもったりする．彼らは自分自身を安定させる拠りどころを求めて，徒党に与したり，群衆の中の英雄に一時的にもせよ同一化する．与した徒党内では著しく団結心が強く，党是に反する勝手な振る舞いを排除する点では苛酷なまでに不寛容である．それは，ある意味で，徒党に対する忠誠心の現れである．ここで重要なことは，このような不寛容さを，「同一性拡散に対する必然的な防衛」として理解してやることである．なぜならこのような理解こそ，世界的規模の産業化やコミュニケーションの拡大が進む現代において，自分たちの集団的同一性を失

いつつある青年の心に，単純で苛酷な全体主義がなぜアッピールするのかを明らかにする可能性があると思うからである．

青年期における心理社会的危機の解決は，学童期までの論理からすれば，「同一性拡散」からの誘惑を克服しつつ，健全な「自我同一性」を求め身につけ，「自分が所属している社会的現実の中に明確に位置づけできるようなパーソナリティを自分は発達させつつある」という確信が得られる，そんな社会に対して守るべき「忠誠」という「徳」を得ることである．それは言うはやすいが難しい問題をはらむ．なぜなら，青年の心は児童期と成年期の中間にあり，子どもとして学んだ道徳と大人によって発展さるべき倫理との隔たりを感じ，悩む．それは観念論的心性であり，まさにそれは社会が青年たちに語りかけるべき見解である．青年は仲間によって肯定されることを望み，何が悪であり，有害であるかを定義する教義，計画などを聞くことによって，信念を固めたがる．それ故，人は説得力のある理念的な社会的価値を探し求めるが，そこで「イデオロギー」という厄介な問題にぶつかるからである．

6) 前成人期（性器期）——親密 対 孤独／愛

同一性を求め，主張する青年期から脱して「成人期」に入ると，人は仕事や研究における仲間や上司，なかんずく異性との交際において，自己の同一性を他者の同一性と融合させることに熱心になり，進んでそれを行うようになる．彼には今や，彼らと親密な関係や愛情関係を結ぶ，精神的・身体的準備が出来てくるのである．すなわち，たとえそれらの関係が大きな犠牲や妥協を要するとしても，それらの関係を守り続けようとする能力や道義的強さが備わってくるのである．そしてそのことを確信する「他ならぬ自分」すなわちアイデンティティが確立したとき，彼は人間関係に，友情，リーダーシップ，愛などの形での親密さを求めることに，より積極的になる．一方，それらの関係があまりにも重大な犠牲，たとえば自己放棄を迫ってくる事態では，たとえその責が自己にあろうと，自己になく親密を求める相手にあろうと，自我の喪失を恐れるあまり，それらの関係を守り続けられなくなり，結果として，深刻な孤独感に陥り，やがてそのことのみに捉われる自己に埋没する．これが，前青年期段階

における「親密 対 孤独」の心理社会的危機である．この危機を乗り切るには，「親密」な関係を維持しようとする周囲の人々の広い意味での「愛」が必要なことは言を俟たぬが，何よりも自己のアイデンティティの謙虚な反省に基づいた再構築こそが必要であろう．それには，逆境においても他ならぬ自分自身との間に諦めてはいけない，真の「親密さ」すなわち真の「自己愛」が無くてはならない場合もあるであろう．「愛」は「徳」である．「力」である．

　前青年期段階をフロイトは「性器期」と呼んだが，厳密に言って，十全の「親密さ」が成就された段階で，真の性器愛が完全に発達する．いや，そうであることが望まれる．というのは，「親密さ」に関する十全な関係の構築なしに行われた性生活の多くは，快感の同一化追求のためだけであったり，あるいは封建時代の世継ぎ制のように，性生活を一種の生殖の具とする男女の性器的努力であったりしているからである．選んだ者との十分な親密性なしにいたずらに快感同一化を求める傾向は，今日発達した通信機器のウェブサイトやブログによる不健康な情報が拍車をかける．自由で興味本位な性的情報が氾濫しているのである．

　一方，「性器性」を健康なパーソナリティの主要な徴候の一つとして主張する考えがある．性器性とは異性愛の相手との関係の中でオルガスミックな体験力を発達させる潜在的な能力のことで，ここに言うオルガスミックな体験力とは十分な性器の感受性や全身の緊張の完全な開放に伴う，相互の異性愛的体験のことであって，その極致は，相互の男性と女性の対立や，愛と憎しみや仕事と遊びなどの対立から引き起こされる敵意や潜在的な怒りを，ある程度和らげてくれる，その意味で健康的な面を持つというのである．

　それはそれで意味のある説明であるが，興味本位に発する快感の同一化追求の「不健康さ」を是認する説明とはならないであろう．

7）成年期（生殖期）——生殖性 対 停滞／世話

　異性との親密な関係の中に本当の性器性を見出すか，見出す途上にある者は，自分たちのパーソナリティとエネルギーを，共通の子孫を生み育てることに結びつけたいと願うようになる．エリクソンは，この願望を基礎に拡がってゆく

発達の過程を「生殖性」(子孫をつくること)と名づけた．なぜならこれが〈性器性と遺伝子を通して〉次の世代の確立すなわち世代継承の確立に関わっていくからである．それは，単なる性器愛の結果，「子どもが出来たから生む」という個人的行為をこえ，より公共性を含んだ行為として理解されねばならない．ただ「子どもをもっている」「欲しがっている」というだけでは，真の「生殖性」とはならないのである．

不幸にして，もしそのような行為に終わる者には，真の「生殖性」から「偽りの親密さ」への「退行」が起こる．そしてしばしばそれは，「停滞の感覚」と「人間関係の貧困化」を伴う．したがって，真の生殖性が発達しない人物は，しばしば自分本位で自己愛的な人間になりがちで，それがもたらす人間関係は貧しく，人を信頼することをしない．ましてや，「人類に対する信頼」など見出すべくもない．この信頼あってこそ，子どもがその社会の預かりものである，と思えてくるのである．また，子どもは社会の預かりものという感覚があってこそ，子どもの「世話をする」しかたには，生殖性に含まれる「次の世代をつくる」という「世代継承の意味」が実現されてくる．

こうなると，子どもは自分たちの子どもでなくともよい．他人の子どもたちを世話したり，あるいは子どもたちのためによりよい社会を作り出すのを手伝うことによって，その生殖性を満たすことは出来る．青柳先生と私たちのエピソードにおいて，青柳先生が私たちに対してとられた〈教育〉的行動は，まさに，そのケースに他ならなかったとも言える．

エリクソンは，「徳」を表す「世話」という言葉を，あることを「したがる」，ある人やものを「気づかう，大切にする」，保護や注意を必要とするものに「気をつける」，そして人やものが破壊「しないように注意する」ことを含めた意味で使っているといっているが，生殖性の真の意味を正しく理解し把握している人にしてはじめて，子どもを，自分たちの子どもたると他人の子どもたるとを問わず，大切に「世話する」という「徳」を，「力」を体得していると言えるのである．

この発達段階の人の仕事を，狭い意味での「次の世代をつくる」ことに限定して，話してきた．しかし，彼らの実際の生活空間はもっと広く，社会が産み出すものすべてに対して関与し，それを発展させようとしている．さすれば，

生殖性という言葉をより包括的な「産み出す」・「産出する」という概念に般化させることは出来ないものであろうか．世代から世代へと産みだされてゆくあらゆるもの，子どもは勿論のこと，生産物，知識，観念，思想，そして芸術などを含めて考えれば，生殖性という言葉に代えて「生産性」あるいは「創造性」という言葉が使えそうである．

8）老年期（円熟期）――自我の統合 対 絶望／英知

　最後の発達段階は，「老年期」である．子どもを産み，次の世代をつくり，物や思想や芸術の創造者になること，そして逆に程度の差こそあれ，〈失敗者になることに適応してきた〉老年期の人間だけが，以上述べてきた7つの段階のそれなりの同一性を統合的に積み重ねた自我を，安定した感情の下に，意識することが出来る．換言すればそれは，他ならぬ自分の唯一つのライフサイクルを，そうあらねばならなかったものとして，またどうしても取り替えることのできぬものとして，受け容れることが出来るということである．

　この積み重ねられた自我の統合が欠如し，あるいは失われると，不安と死の恐怖が頭をもたげる．つまり自分の唯一つのライフサイクルを人生の究極のものとして，受け容れることが出来ないのである．いまや人生をやり直す時間はない．統合へ到達する別の道を試みるには短すぎる．その焦りが「絶望」となって表れる．

　この発達段階における心理社会的危機「自我の統合 対 絶望」はこうして起こるのである．この心理社会的危機の解決はいかにして可能か．エリクソンは「英知」という「徳」の力を掲げているが，真の「英知」は恵まれた人々にのみ発達しうるものである．しかしながら老年期においても，老人が「他者の知恵」に耳を貸すことがあれば，他者の知恵が「英知」となりうるであろう．他者とは精神科医そしてカウンセラーなどである．

　ここに定年退職した66歳の大学〈量子力学〉教授がいる．彼は胃癌で胃の全摘手術をしたが，思わしくなく，肝臓，腹膜に転移した．不眠，立ちくらみ，めまい，腹痛などの身体症状を訴え，「このままいくと死ぬのではないか」という認知イメージをもつ．したがって感情・行動は，死に対する不安，恐ろし

さを口にし，将来への心配と死についての反復思考から焦燥行動を示し，典型的な抑うつと診断された．大学で量子力学を講じてきた教授でこれである．迫りくる死の不安を受け容れることができない．

花岡ら（2002）はこれを「死についての反復的自動思考と恐怖の感情の循環的相互作用」と概念化し，死の認知の多様なあり方を再構成する「認知療法」を試みた．すなわち，「死は誰でも一度は経験する」「何千年も人間は何事もなく死んできた」「次の人生があるかもしれない」「何歳で死ぬことになっても残念なものだ」などと，話し合う経緯を経て，「死はいつかは訪れる」「怖がるから怖いのだ」という気持ちになる．結果として，不眠・抑うつは軽減，不安・絶望感も減少し，これからの人生を語るようになった，という．彼が「自分の死を，どうしても避けられぬ運命として，受容する」ところまで完全になれたかどうかは保証の限りではないが，死に対する不安，絶望感は大いに癒されたことであろう．この大学教授は，花岡先生らの認知療法の力を借りて，「絶望」という死の不安から脱する「英知」という「徳」を摑んだ，といえよう．

結び

以上，人間の一生を8つの発達段階に分け，各段階において遭遇する「心理社会的危機」と，その危機を乗り越えることによって得られる「徳」，もしくは乗り越えるのに必要な「基本的力」，そして若干の具体例を，述べてきた．ところで，その発達段階の変化形式は直線的で，「サイクル」と言うには少しく違和感がある．それは人間の一生を誕生からスタートして死で終わる直線的変化で記述しようとしているからである．これに対して，「生きとしいけるものは死して再び生まれかわる」と捉え，その一生を円環的・螺旋的変化で記述しようとする思想がある．仏教における「四有の思想」である（岩元，1988；小谷津，1998）．

四有の思想

〈有〉とは，生まれてくることを前提として考えられる一切の存在のことである．そのうち，人間・動物のように感覚をもつものとしての存在は〈有情〉

図C　四有の思想

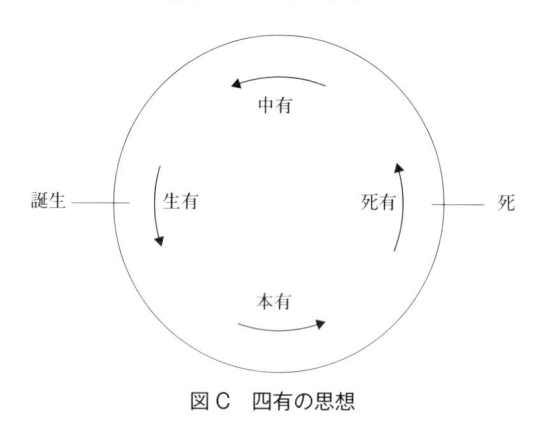

といい，これに対して岩石・草木のように感覚をもたぬものとしての存在は〈非情〉という．仏教ではその有情という生命存在は，業によって善悪の果報を受け，三界（欲界，色界，無色界），あるいは六道（天上・人間・阿修羅・畜生・餓鬼・地獄）を流転し続けると考える．これを輪廻という．色界は物質の世界で欲界の上にあり，無色界は物質の束縛を離れて魂の働きだけがある世界を指す．その輪廻のフェーズは4種に区分される（図C）．まずは〈生有〉で，それぞれの世界に生を享ける一刹那つまり誕生の時，次に〈本有〉で，生を享けてから死ぬまでのつまりこの地上での生のすべて．第三に〈死有〉は臨終の一瞬で，有情の霊魂が肉体を離れて行く時，そして第四が〈中有〉で，死んで再び生まれかわるまでの中間の存在状態，つまり霊魂が肉体から離れたままの宙ぶらりんの時，その期間は七・七＝四十九日間．最後に霊魂がそこから再び次の肉体に宿りなおして生まれかわると〈生有〉．これで1サイクルである．ただし霊魂が再び宿りなおす宿り先は人間とは限らない．生前の業に従う．

血縁と智縁

生物体の生命は，自分の卵子，精子を通して，確実に次の世代に受け継がれる．種や子孫が絶滅しないかぎり，その生命は永遠に生き続ける．人の生命も，親が死ぬ前に，すでに血液や遺伝子などによって，確実にその子どもに受け継がれ，子どもの体内に生き続けている．つまり，自分の肉体が死んだ来世は，その世に生きる子どもの現世であり，子どもの命の中に自分が受け継がれてい

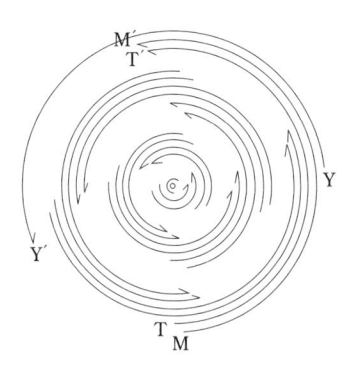

図D　世代継承＝生命不滅の論理

る以上，その自分にとっても現世であり，その意味で生命は現世にあって不滅と考える．

　しかし現代の科学的思考は，現世と来世，言ってみれば〈死有〉と生まれかわりの〈生有〉との間を〈中有〉を介して円環的に繋げることを許さない．いわんや，業により生まれかわり先が決まることなどをおいておやである．それであえて〈中有〉で切断した上で，他者のサイクルのあり様と相対的に重ねてみる（図D）．同図において，T〜T´・M〜M´はそれぞれ人間T・M（男・女）の生命のサイクルであるが，ある時，縁あって結ばれる．二人の間には子どもYが出来るが，Y〜Y´はその生命のサイクルである．Yは一般的にはTおよびMの〈死有〉を越えて生きる．それは視座を変えてみれば，TおよびMはその〈死有〉を過ぎても子Yの血の中に，また〈情識〉の中に，すくなくとも分身として生き続けることが出来るということである．複数の子どもが出来れば，複数の分身として生き続けることが出来る訳である．また，その子どもが縁あって結ばれる相手を見つけ，孫が出来る．そうすれば，さらに孫の血の中に生き続けることが出来る．こうして代々血が生き継がれる．これが〈血縁〉すなわち基本的な〈世代継承〉の論理だ．図Dにおいて，一代一家族をかりに3本のサイクルで表すと，それが代々引き続いてきた様は，中心から奥行きをもって螺旋状に拡大してきた図として眺めるとよい．

　先述の量子力学の教授は，「自分の生命は子供たちの肉体にあって生き続けるのだ」，と考えてみたのだろうか．そう考えることによって，「絶望」という

死の不安・恐怖から脱し,「希望」をもって残りの人生に処する「英知」という「徳」を摑めたかもしれない.

　教授に子どもがいたかどうかは訊きそこなったが, いなかった場合, 教授は多くの学生に教鞭をとる身であることを思う. ここで, 教育によって媒介される知的継承すなわち〈智縁〉を考慮するならば, ことは解決する方向に向かう. 教授の生命は, 学生たちに教えた知識・能力・経験を通して, 確実に学生たちの心の中に生き続ける（ちょうど青柳先生の生命が, 私たちに教えた「人間の生き方」を通して, 私たちの心の中に生き続けてきたように）と, 考えることが出来るからである. 少なくとも智縁の次元において自分の生命は存続するという認識をもつことが, 教授の死に対する不安と恐怖を癒してくれるに違いない.

　このように血縁とともに智縁を考えることによって, 生命体のサイクルの場は一挙に拡大される. 血縁は親族という縦糸を主に編まれてゆくのに対し, 智縁は社会教育的コミュニケーションの場という横糸を主に編まれてゆく. また, そのような形で復雑に変化発達を続ける組織的統一体が, 他ならぬ人間であり, 社会であり, そのような統一体の過去, 現在, 未来にわたる壮大な組織的集合体が民族であり, 人間社会の歴史というものである.

精神的進化と教育

　そして, その人間および人間社会が総体として高品格の水準に進化すること, それを願わぬ者はいないであろう. 教育や躾はまさにそれを目的としている訳であるが, その目的が達成されるには, 各人間生命のサイクルの, 何世代にもわたっての, 気の遠くなるような繰り返しが必要なように見える. A. R. ウォレスが指摘したように, 自然選択は極めて保守的である. 生命の世界では, 他とそれなりの調和的現状を突き抜けるものが現れようとすると, その端緒の段階でこれをつぶし, 現状を維持しようとする. そのような中で精神的進化が進むためには, すくなくとも, 新しいものが旧いもの以上に悪くないことが常に必要である. そしてそれが飽くことなく実践に向けられることが必要である.

　この精神的進化に関する発想と教育実践は, 単なる〈種族維持〉の論理「系統発生は個体発生を繰り返す」を越えるものを内包している. 教育は, 個人個

人のよりよき社会適応ないしはより高き自己実現を願って行われる．それは事実であるが，未来の人間社会に向けてそれ以上のものを思考していくべきことに思いを致さねばならない．教育のあり方が，いつの時代においても，それ以前の時代の教育のあり方の上に，よりよいもの，より新しいものを積み重ねていくのであれば，それが結果する人間社会の精神的進歩・進化は，少なくとも単なる反復としての〈種族維持〉を越えてゆくのではあるまいか．

引用文献

チャップマン，A. H. & チャップマン，M. C. M. S.（山中康裕監訳，武野俊弥・皆藤章訳）1994 サリヴァン入門：その人格発達論と疾病論．岩崎学術出版社．

デービス，M. & ウォールブリッジ，D.（猪股丈二監訳，前田陽子・岡田守弘・串田実訳）1984 情緒発達の境界と空間：ウィニコット理論入門．大成社．

エリクソン，E. H.（小此木啓吾，訳編）1973 自我同一性：アイデンティティとライフ・サイクル．誠信書房．

エリクソン，E. H.（仁科弥生，訳）1977 幼児期と社会．みすず書房．(Erikson, E. H. 1950/1977 Childhood and society. W. W. Norton.）

エヴァンズ，R. I.（岡堂哲雄・中園正身，訳）1981 エリクソンは語る：アイデンティティの心理学．新曜社．

花岡素美・加茂登志子・堀川直史・伊藤真史・大野　裕　2002　認知療法を行った終末癌患者の一例．日本認知療法学会第2回大会発表抄録集, 34.

細木照敏　1983　青年期心性と自我同一性．岩波講座 精神の科学6：ライフサイクル．岩波書店．

岩元　裕　1988　日本仏教語辞典．平凡社．

小谷津孝明　1998　智縁と四有の思想．慶應義塾大学通信教育部の五十年（pp. 32-35）．慶應義塾大学出版会．

西平　直　1993　エリクソンの人間学．東京大学出版会．

米田　薫　2003　教師の行ういじめ防止教育．国分康孝・国分久子（監修），育てるカウンセリングによる教室課題対応全書　5：いじめ（pp. 90-93）．図書文化．

II

精神病理の認知心理学

第6章

病理学的方法と心理学
病態心理学と基礎心理学

小川俊樹

1 さまざまな心理学

　周知のように，今日の心理学の祖と称されているWundt, W.には，『生理学的心理学』と『民族心理学』という2冊の著書がある．心理学の実験室を世界で初めて作り，もっぱら被験者の内省によって人間の心理を解明しようとしたのが「生理学的心理学」であるのに対して，社会的な事象を統計的に追究したのが「民族心理学」であると考えられている（今田，1962, p.205）．Wundtが心理学のいわば誕生時から，実験と統計という対比的な2種類の研究方法をもって，心理学を探求しようとしていたことはたいへん興味深いことである．

　ところで，Wundtでは2種類の形容詞を冠した心理学であったが，今日ではさまざまな心理学が称えられており，心理学の前に冠する形容詞もかなりの数に上っている．表6-1は，1969年，1981年，そして2006年に刊行された代表的な心理学講座の各巻のタイトルである．『講座心理学』では，各巻のタイトルは感覚・知覚や学習，記憶や発達といった心的機能ごとに研究成果がまとめられており，計量心理学や生理学的心理学のように方法論からまとめたタイトルと，異常心理学や社会心理学のように一つの心的機能に限定されない研究対象をまとめてタイトルにしたものが形容詞として付されている．『講座基礎心理学』では，形容詞を付された○○心理学といったタイトルの巻はない．もっとも，この講座のタイトルそのものが「基礎」心理学となっており，行動も含めていずれも心的機能を各巻のタイトルとしている．基礎心理学については後に検討することとして，本講座に関して言えば，「数理関係の部門と社会心理学の分野は」基礎心理学に入らないということではなくて，「割愛された」とのことである．ところが，昨今の心理学の講座でみると，むしろ心的機能を

表6-1 講座心理学の各巻の内容

講座心理学 (1969-1971)	現代基礎心理学 (1981-1986)	朝倉心理学講座 (2006-)
第1巻 歴史と動向	第1巻 歴史的展開	第1巻 心理学方法論
第2巻 計量心理学	第2巻 知覚I—基礎過程	第2巻 認知心理学
第3巻 感　　覚	第3巻 知覚II—認知過程	第3巻 発達心理学
第4巻 知　　覚	第4巻 記　　憶	第4巻 脳神経心理学
第5巻 動機と情緒	第5巻 学習I—基礎過程	第5巻 言語心理学
第6巻 学　　習	第6巻 学習II—その展開	第6巻 感覚知覚心理学
第7巻 記　　憶	第7巻 思考・知能・言語	第7巻 社会心理学
第8巻 思考と言語	第8巻 動機・情緒・人格	第8巻 教育心理学
第9巻 知　　能	第9巻 発達I—系統発生	第9巻 臨床心理学
第10巻 人　　格	第10巻 発達II—個体発生	第10巻 感情心理学
第11巻 精神発達	第11巻 行動の異常	第11巻 文化心理学
第12巻 異常心理学	第12巻 行動の生物学的基礎	第12巻 環境心理学
第13巻 社会心理学		第13巻 産業・組織心理学
第14巻 生理学的心理学		第14巻 ジェンダー心理学
第15巻 数理心理学		第15巻 高齢者心理学
		第16巻 思春期・青年期臨床心理学
		第17巻 対人援助の心理学
		第18巻 犯罪心理学
		第19巻 ストレスと健康の心理学

巻のタイトルとすることはなく，心理学の前に形容詞を付すことが多い．「朝倉心理学講座」はまだ刊行途中の講座であるが，各巻のタイトルに形容詞が付されている．発達心理学や感覚知覚心理学のように，従来の心的機能を冠したタイトルもあれば，ジェンダー心理学や対人援助の心理学のような新たな形容詞を付けた心理学の名をタイトルとした巻もある．このことは，それだけ心理学の裾野が広がってきており，さまざまな心理学が生まれてきていると言えよう．

このような状況を端的に表しているのが，八木（1986）も指摘しているが，Piéron（1973）の心理学用語集である．この用語集には心理学という項目はなく，動物心理学，応用心理学，臨床心理学，比較心理学，数理心理学など，心理学に形容詞を付した心理学の定義が述べられているだけである．Reuchelin（1973）の指摘するように，単数形（psychology）としてではなく，複数形

（psychologies）としての心理学があることになるのかもしれない．このようにさまざまな形容詞をつけた心理学が誕生することによって，心理学が拡散してしまうのではといった危機意識が持たれるのも所以のないことではない．とりわけ，今日の臨床心理学の隆盛は，基礎心理学との対比で問題とされている．臨床心理学が基礎心理学とは大きくかけ離れているのではないかとか，基礎心理学を知らない臨床心理学徒が多いのではないかといった声を聞く．本書の意図は，副題が示すように，臨床心理学と基礎心理学（認知心理学）のインターフェースである．第II部の各章は，各心的機能の障害・臨床を取り扱っているが，それは臨床心理学の分野にとどまるものではないし，場合によってはむしろ基礎心理学に大きく貢献するものである．それは，基礎心理学と臨床心理学をつなぐものとしての病態心理学という視点を導入することによってより理解できると思われるが，病態心理学という視点を説明する前に，基礎心理学と臨床心理学について触れておきたい．

2 基礎心理学について

基礎心理学とはどのような心理学であろうか．前述したように，今日しばしば臨床心理学と対峙する心理学として基礎心理学という用語が用いられてきている．臨床という言葉が医学用語であることから，臨床医学と基礎医学といった対比に合わせて基礎という言葉を用いているとも思われる．基礎心理学という用語を講座名に冠した八木（1986）は，以下のように定義している．「『基礎』といえば，それに対して普通は『応用』という言葉が連想されるが，ここでは『基礎』という語は，ただ単に『応用』に対立するだけの意味で使用するのではない．最初，この双書の企画段階では，『実験心理学』という名称を採用しようかとも思ったが，この名称はたしかに一般的ではあるけれど，歴史的に見ると，案外広狭さまざまな意味に用いられていることに気づき，いっそのことあまりポピュラーではない『基礎心理学』という名称を採用することにした．この基礎心理学は，ここでは広義の実験心理学を指しているものと解していただきたい」とし，この「はしがき」の中でも，「現時点においてはその目的および方法論的にいって，『臨床心理学』と対立する，または別系の心理学

体系」と考えている．したがって，ここでの基礎心理学は知覚や学習などを対象とする狭義の実験心理学ではなく，記憶や思考，言語なども対象とした広義の実験心理学のことであると見なしている．八木も述べているように，実験心理学を広狭，どのように考えるかに関しては，ヨーロッパ心理学，とりわけフランス心理学とアメリカ心理学との間での相違と見なすことができる．たとえば，P. Fraisse & J. Piaget 編集の Traité de Psychologie Expérimentale（実験心理学概論）は，『現代心理学全9巻』として翻訳されており，内容的にも感情や性格などを含んだ一般心理学となっている．したがってこの実験という言葉に関しては，フランス心理学とアメリカ心理学との間で異なって認識されていると思われるが，八木の言うところの基礎心理学はフランス心理学に立脚した実験心理学と言えよう．

ところで，基礎心理学を広義の実験心理学と見なした場合，その欧文表記はexperimental psychology となるのであろうか．この講座には英文表記はなく，また文中でも欧文表記はなされていないので，どのような表記を考えていたのかはわからないが，八木があまりポピュラーではないがと述べた基礎心理学を学会名としている日本基礎心理学会が2001年に誕生している．この学会の英文表記名は The Japanese Psychonomic Society となっており，psychonomicという語が当てられている．そして，この日本基礎心理学会の英文表記は，1959年に誕生したアメリカの American Psychonomic Society と同じ名称表記となっている．APA（2006）の定義によれば，psychonomic とは，「量的測定や実験的統制，操作的定義などを重視する，とりわけ実験室心理学（experimental, laboratory psychology）」であるという．したがって，この定義では基礎心理学は，experimental という語を冠してはしていないものの，欧文表記上も狭い実験心理学とほぼ同義であると考えることができよう．

3 臨床心理学（clinical psychology）について

上述したように，今日では「基礎」に対して「臨床」という言葉がしばしば用いられるが，八木（1986）も指摘したように，「基礎」に対立するのは「応用」であろう．この端的な例として，応用認知心理学（applied cognitive psychology）という言葉をあげることができよう．応用認知心理学とは，「認知心理学で蓄積されてきた成果を，日常生活や教育現場など心理学実験室外の，現実場面での人間の行動の説明に適用しようとする試みである」（箱田，1999）．ここでの「応用」は，あくまでも実験室内での実験的手法によって得られた心理学的知見を現実のさまざまな問題に適用するということを意味している．「基礎」に対して「臨床」という場合も，この「応用」という言葉を「臨床」という言葉に置き換えただけであろうか．本著は「臨床認知心理学」であるが，「応用認知心理学」と同じであろうか．確かに臨床心理学を，心理学で得た知識を病院やクリニックなどの臨床現場での種々の問題に適用して解決を図る心理学の一分野とでも定義すれば，「臨床」という言葉は「応用」にとって変えることもできる．しかし，「実験」に対立しての「臨床」とは，研究対象の違いではなく，研究方法論の違いなのである．最近「臨床教育学」とか「臨床政治学」といった言葉を目にすることが多くなったし，中には専門を「臨床経済学」と称している識者紹介もある．これらの場合，臨床という言葉が，たとえば入院中の児童の学校教育だとか，医療関係をめぐっての政治学や経済学ではなく，現場のとか，実務的な，といったニュアンスで用いられていることが多い．事実，APAの心理学辞典（2006）でも，データ収集の方法として実験室といった形式的な（formal）環境ではなく，学校や職場といった日常的な（natural）状況におけるデータ収集の過程を臨床法（clinical method）と定義している．

　ところで，臨床という言葉は文字通り床に臨むということであり，ここで言うところの床とは病人の床を指し，「病人の床のそばに行くこと．また，実際に病人を診察・治療すること」と辞書にはある．一方，英語のclinicalもまた語源的にはベッドを意味するギリシャ語のklinikosに由来するとされており，ベッドに身を横たえた病人を示している．それではやはり語義が表しているように，臨床心理学は病気や病人のための心理学であろうか．「臨床」の概念について論じているPrévost（1994）によれば，臨床という言葉は確かに病床を意味してはいるものの，本来はむしろ病床で行われる営みに本来の意味があるという．医師は病床の傍らで自己の存在のみを武器として，病気と闘うのであるというのである．自己の五感を頼りに，診断を進めていくのが「臨床」のそ

もそもの出発点であり，臨床観察は自然観察に他ならないとして，実験室や画像診断をそれに対置している．ここに「臨床」の本来の意味があるとすれば，生活環境から切り離された人工的な環境での観察ではなく，自然な，あるいは文化的な存在としての人間の観察にこそ，臨床という言葉が冠されることになる．Lagache（1949）が「心理学の統一（L'unité de la psychologie）」を著したとき，実験心理学と臨床心理学という副題を加えたことはこの事情を端的に表していると言えよう．

このように，「臨床」の意味するところが研究対象ではなくて，研究方法論の問題であることを強調した研究者には，臨床心理学者だけでなく，発達心理学者のピアジェがいる．彼は児童の認識に関する研究に際して，テスト法（la méthode de test）や純粋な観察法（l'observation pure）よりも優れた方法として，臨床で採用されている臨床的検査（l'examen clinique）を提唱している（Reuchelin, 1957; 1973）．そして彼は，今日臨床心理学に大きな貢献をした研究者であるジャネやフロイトの仕事は「応用と理論が非常に密接に結びついているので，彼らの仕事は厳密な意味では心理学に属するのであって，『応用心理学』としばしば呼ばれるものには属さない」(Piaget, 1970)と指摘している．

以上見てきたように，臨床法という方法論を強調する立場は米国よりもフランス心理学者に多いが，病態心理学という専門分野もフランス心理学の特徴と言えるかもしれない．

4　病態心理学（pathological psychology）について

表6-2は，パリ第10大学（Nanterre大学）心理学部の2007-2008年度の開設授業科目（3年次用）の一部である（Andronikof, 2007）．推測統計や質問紙法といった必修の方法論もあれば，認知心理学や精神生理学，社会心理学のように馴染みの科目もあるが，その中にあまり耳慣れない科目として病態心理学（pathologie）がある．（パリ第10大学は精神分析学の影響もあり，病態心理学が臨床的（clinique）と精神分析的（psychanalytique）の2種類に分けられており，どちらかの選択となっている．）病態心理学とは，「行動や意識，そしてコミュニケーションの障害を研究対象とする学問である」(Sillamy, 2003)と

第6章 病理学的方法と心理学

表6-2 開設授業科目一覧（パリ第10大学，3年次前期）

	授業科目	単位	時間配分 講義	時間配分 演習・実習
	心理学の基礎（必修，以下の3分野から選択にて9単位）			
	臨床心理学の概念と方法	9	36時間 90分×12週	36時間 90分×12週
	臨床心理学の概念と理論	4.5	90分×12週	90分×12週
または	臨床法入門	4.5	90分×12週	90分×12週
	臨床病態心理学および精神分析的病態心理学	9	48時間 120分×12週	24時間 120分×12週
	臨床病態心理学（講義および演習）	6	120分×12週	120分×12週
または	精神分析的病態心理学	3	120分×12週	
	社会心理学	9	36時間 90分×12週	36時間 90分×12週
	社会心理学：基本概念と実験法入門	4.5	90分×12週	90分×12週
または	社会心理学：判断，態度，行動における社会的ダイナミズム	4.5	90分×12週	90分×12週
	神経科学の基礎（必修，9単位）			
	行動神経科学および認知神経生物学	9	60時間 120分×6週（2ユニマ連続）	12時間 120分×6週
	神経解剖学と神経生理学（最初の6週間）	3	240分×6週（2ユニマ連続）	
	精神生理学（最初の6週間）	3	120分×12週	
	行動生物学	3	120分×12週	
	必修科目（6単位）			
	研究方法論	6		48時間 120分×12週
	面接法入門	3		120分×12週
	質問紙法入門	3		120分×12週
	統計学（必修，3単位）			
	統計学2	3	12時間 60分×12週	24時間 120分×12週
	推測統計の基礎	3		
	選択科目（3単位，以下の5科目の中から1科目選択）			
	参加と不協和：その発展と応用	3	120分×12週	
	心理学の相互文化的接近	3	120分×12週	
	聴覚障害者と健常者との相互文化的心理学	3	120分×12週	
	認知心理学の歴史と現況	3	120分×12週	
	教育界を知る（Ⅰ）	3	120分×12週	
教師志望者は受講のこと	教育界および教職という職業を理解する（教職選択科目）			48時間 24時間＋学外実習24時間
合計		30	216時間	180時間

定義されるが，心理的障害の詳細な観察や分析を通して，一般法則を見出そうとするアプローチである．Reuchelin (1973) は，このような病態心理学のパイオニアとして，運動性失語症を解明した Broca, P. P. をあげているが，通常フランス心理学の祖と呼ばれている Ribot, Th. に始まるとされている．彼は，病的な心理的機能の理解が一般的な心理的機能を明らかにすることに役立つとして，「実験方法に対する真の代弁者を見出したのである」(Reuchelin, 1957)．そして，このような Ribot の考えは，「物理学や化学のように，人為的に条件を作り上げて，そのような実験法を人為的実験と呼ぶならば，人間の手を加えることなしに，やむをえない自然の力によって病気という状況がつくり出され，その変化の過程や結果を調べるやり方も，考えようによっては一つの実験であり，これは自然実験であると呼ぶことができる」という Bernard (1865) の主張と同じ観点に立つもので，病理法と呼ばれている．その意味では，病態心理学は一般心理学の知識を広め，またそれを補完する役割を果たしていると言うことができる．「基礎」と「臨床」を対立する概念と見る場合，上述した方法論的な問題のほかに，「基礎」は一般的で普遍的，定法則的（nomothetic）であるのに対して，「臨床」は個別的で特殊で，個性記述的（idiographic）であるとみなされがちであるが，その意味では，病態心理学は心理的メカニズムや法則を知るための，基礎心理学に匹敵するアプローチなのである．

　ところで，病態心理学と言うと，異常心理学と考えられがちである．実際，米国では大学の学部レベルで異常心理学と呼ばれる授業科目が，大学院では精神病理学（psychopathology）と科目名を変えて呼ばれていると聞く．確かに，「病態心理学は心理学と精神医学の中間に位置する」(Sillamy, 2003) と定義されるように，幻覚や妄想などの精神症状を研究対象としたり，記憶の障害や感情の障害などを扱ったりしており，異常心理学とまったく性質の違うものと考えることはできない．しかしながら，異常の概念について，とりわけ病態心理学と米国の異常心理学とでは微妙に異なっているように思われる．周知のように，異常の定義として平均からの逸脱をもって異常とみなす統計的概念と，社会通念や理想からの逸脱をもって異常と見なす価値概念があるが，病態心理学の立場からすれば，これらの異常概念は相対的なものでしかないという．Sillamy (2003) も引用しているが，ガリバーはその旅行の途中で，リリパット国（小

人の国）では大男であったし，ブロブディンナグ国（巨人の国）では小男であった．これらの相対性をもっては，ガリバーの本質はつかめない．そのような観点から，相対的な概念としての異常は必ずしも病理的とは言えず，心理的メカニズムや心理的法則を知るためには異常心理学よりも病態心理学が有力なアプローチとなる．

5　日本における病態心理学について

　日本における臨床心理学や，特に異常心理学の研究者の中には，これまで述べてきたような観点から研究を進めてきた研究者も数多い．その中でも，とりわけ明確に病態心理学の利点について指摘したのは，宮城音弥である．フランス留学の経験の影響とも思われるが，フランス心理学派ということでフランス心理学の特徴について，病理学派と社会学派として紹介している．この中で，Ribot の考えを紹介しつつ，病理的方法が実験的方法と同様に心理学に必要なものであることを強調している．とりわけ，「実験心理学がかがやかしい成果をあげながらも，人の日常生活の心理や具体的な心理現象についてはほとんど教えることができない」（宮城，1953）としている．もっとも今日では心理学が拡大し，宮城の指摘とは異なって，表 6-1 の朝倉心理学講座に見たように，現在の心理学は社会の要請や日常の出来事に深く関わったものが多い．そのような点からも，研究方法としての病理法の持つ意義は大きいと言えよう．地震や火事といった災害や PTSD などが今日，社会心理学の重要なテーマとなっていることなどを考えれば，「病態心理学（異常心理学）は多数の心理学の諸部門と並列するものではなく，むしろ，心理学のあらゆる領域に，研究方法として導入されるべきものである」という宮城（1953）の指摘は，今日でも無視できない．

　宮城のように病態心理学の方法論的意義について明確には言及していないものの，梅津八三も病理法を心理学の一研究法として重視していたと言えよう．梅津は，先天性視覚障害者の触覚体験や開眼手術後の視覚体験などを研究テーマに据え，同時に障害児教育に情熱を注いだ．服部（1992）も指摘しているように，「単に盲聾重複障害者に対する教育にとどまらず，知覚，認知，記憶な

どの働きを信号系活動の異なる水準として捉えて，新しい心理学理論を構築した」のであるが，その基礎となったのは，時には実験観察を採用しながらも，徹底した事例の観察（実践的研究）とそのデータに基づく心理的構造の解明である（なお，一事例による早期失明者の開眼手術後の信号系活動に関する，晩年の研究が掲載されているのが，『基礎心理学研究』であることは大変興味深い）．そして，視覚障害者と健常者の心理的構造の相違を明らかにすることによって，新たな知覚理論の提案と適切な教育的助力の開発を行った．確かに，Sendenを筆頭として多くの研究者が，視覚研究に開眼者を被験者としたアプローチを採用しているが，それは病態心理学的アプローチと呼ぶことはできないだろう．換言すれば，「視覚障害者において現れる事象を，健常者自身を基準とする解釈と混同することなく，視覚障害者自身に即して事実を明らかにすること」（梅津，1932）こそ，病態心理学的と言うことができる．

6　おわりに：「自然を師としなければならない」(Leonardo da Vinci)

「臨床」と「基礎」あるいは「一般心理学」とのインターフェースとして，病態心理学という視点を取り上げた．方法論としても，また研究対象としても，病態心理学は基礎心理学と臨床心理学とが交差する分野と言えよう．事例の観察という，どちらかというと古くあまり科学的とは言えないようなアプローチを強調しすぎたきらいがないでもないが，病態心理学は，「心理的メカニズムや心理的法則を知るための地味な援助手段なのである」(Wallon, 1926)．そこに流れているのは，事実の重視であり，Charcot, P. の言葉を借りれば，「病理も実証である」ということである．そして，立場をまったく異にする2人，梅津（「何の先入観にもとらわれず事実を観察する態度」(1950)）とフロイト（「それ（理論に反する事実）があっても構わない」(1925)）の指摘にも通じるものであると思う．

引用文献

American Psychological Association 2006 *APA dictionary of psychology.* American Psychological Association.

Bernard, C.　1865　*Introduction à l'étude expérimentale de la médicine.*（ベルナール，三浦岱栄訳　1970　実験医学序説．岩波書店）．
Freud, S.　1925　*Ma vie et la psychanalyse.* P.U.F.
箱田裕司　1999　応用認知心理学．中島義明ほか（編），心理学辞典．有斐閣．
服部四郎　1992　追悼の辞．日本学士院紀要，46 (1)，（心理学　梅津八三の仕事，第3巻（2000）による）．
今田　恵　1962　心理学史．岩波書店．
Lagache, R.　1949　*L'unité de la psychologie: Psychologie expérimentale et psychologie clinique.* P.U.F.
宮城音弥　1953　病理学派・社会学派：フランス心理学派．日本応用心理学会（編），心理学講座第1巻．中山書店．
Prévost, C.-M.　1994　*La psychologie clinique*（3me ed.）. P.U.F.
Piéron, H.　1973　*Vocabulaire de la psychologie.* P.U.F.
Piaget, J.　1970　Psychology. UNESCO.（波多野完治ほか訳　1981　現代心理学：認知理論の展開．福村書店）．
Reuchelin, M.　1957　*Histoire de la psychologie.* P.U.F.
Reuchelin, M.　1973　*Les méthods en psychologie.* P.U.F.
Sillamy, N.　2003　*Dictionnaire de la psychologie.* Larousse.
心理学 梅津八三の仕事刊行会編　2000　心理学 梅津八三の仕事，全3巻．春風社．
梅津八三　1932　盲人の心理．岩波講座 教育科学附録教育，第7冊．岩波書店．（心理学　梅津八三の仕事，第1巻（2000）による）．
梅津八三　1950　現代心理学の理論と実際．松本金壽（編），現代心理学と教育：歴史と展望．牧書店．（心理学　梅津八三の仕事，第1巻（2000）による）．
Wallon, H.　1926　*Psychologie pathologique.* Felix Alcan.（滝沢武久訳　1965　精神病理学の心理学：異常心理と正常心理の弁証法的把握．大月書店）．
八木　冕編　1986　講座現代基礎心理学第1巻：歴史的展開．東京大学出版会．

注（表6-2）
Andronikof, A.　2007　パリ第10大学2007-2008年度心理・教育学部開設授業科目一覧（私信）．

第7章

視　覚
先天盲開眼者の心理学的援助から

鳥居修晃

1　問題の背景

　先天性ないし生後早期の視覚障害（先天性白内障や角膜の混濁による）が少なくとも数年以上に及ぶ場合には，開眼手術（水晶体の摘出ないし吸引，角膜移植などの手術）を受けて，それが成功しても，開眼者（事例）の視－運動系の活動は，程度の差はあるものの，未完成・未形成のままである．この事実は，Molyneux, W.（1656-98）以来近年に至るまでの，いくつかの専門分野にまたがる臨床的・実証的な研究を通して観察され，記載されてきた．すなわち，先天性盲人（先天盲）の開眼者は，Molyneuxが問題にした「立方体と球」の区別はもとより，基本的な2次元図形の「形」も，事例によっては基本的な「色」さえも，弁別できない状態におかれている．手術後も低視力のままである以外に，視野，眼球運動についても通常とはいえない状態に陥っていることが少なくない（Moran & Gordon, 1982；鳥居，1982；鳥居，1993；鳥居・望月，2000）．

　Chesselden, W.（Cheseldenと綴られていることもある）はイギリスの，当時の高名な外科医であるが，13歳になる先天性白内障（両眼）の少年に対する手術を施したあと，次のような術後の所見を報告している．「どんな物であれ，その形が眼では分からず，形や大きさがどれ程違っていても，2つの物を見分けることができなかった」（Chesselden, 1728, p. 236）．

　18世紀半ば，白内障に対する新しい手術技法を考案したDaviel, J.（フランスの眼科医）は，22例の先天性白内障患者の手術を実施しているが，「手術後，円と三角形の対象を提示したが，誰一人としてそれらを見分けることができなかった．また，眼前に置かれた事物に触ることなく，眼だけでそれらを識別した患者も皆無だった」という（Degenaar, 1996参照）．

18世紀後半からは，開眼手術後の視知覚に関する，多少とも組織的な観察や実験的吟味が行なわれるようになり，それを記録した資料・文献の数も次第に増えていった．Wardrop（1826）が報告している46歳の女性の事例は，手術前「明暗の知覚」だけを保有していた先天性白内障の患者であった．3回にわたって手術を受けているが，1回目の手術後，「以前よりも光をよく見分けられる」ようになったと言っている．だが，「色も形も（眼では）まだ知覚することはできなかった」（Wardrop, 1826, p.532）．3回目の手術の6日後，これまでよりもずっとよく見えるようになったと言っているものの，「でも，私は自分の見ているものが何なのか言えない」（Wardrop, 1826, p.533）と困惑しつつ訴えている．

上記3編を含め，11世紀から1931年までに提出された（主にヨーロッパで）66編に及ぶ開眼事例の文献を収集して，それらに解説・考察を加えたのはドイツのSenden（1932）である．集録された事例はそのほとんどが白内障患者で，したがって手術前，少なくとも光覚弁（明るいか暗いかがようやく分かる程度の視力で，明暗弁ともいう）かそれ以上の視力が残されていたはずである．しかし手術前の視覚機能の状況を「光覚のみ」と記述するだけでは不十分であると考えたSendenは，手術前の，いわば残されている「視知覚」を「保有（ないし残存）視覚（Restsehen）」と名づけ，その水準に応じて，集録した開眼事例を次の3つの群に大別している．

i）第1群：「明暗の知覚」だけに限られていた事例．なお，Sendenは「光源の方向」定位が可能だった人たちもここに含めている．

ii）第2群：「明暗」に加えて「色彩」が多少なりとも見分けられた事例．

iii）第3群：「明暗」，「色彩」のほか「形（Gestalt）」を知覚し得た事例．

開眼手術直後の視覚体験内容が，この保有視覚の違いによって大きく左右されることはいうまでもない．だが，事物や顔の識別活動に関しては，いずれの群に属するかにかかわりなく，さきのWardropやDavielの所見に類する状況を呈する，と指摘されてきた．

例えば，Francke［50］（［ ］内の数字はSendenの事例リスト中の参照番号を示す．以下同様）の26歳の開眼者の場合は第3群に相当する保有視覚があった．視覚で長さの弁別が可能で，奥行き距離もある程度まで見分けたと記

載されている．にもかかわらず立体の弁別が困難で，「ハサミ，コップ，テーブルナイフ，リンゴ，本などを示してみても，眼ではそのどれをも識別することができなかった」(Senden, 1932, p. 97 による)．

とはいえ，提示された具体物を前にして，およそどの開眼者も何一つ報告できないというわけでは決してない．保有視覚が第2群あるいは第3群のそれに相当する開眼者の場合には，提示対象の属性の1つである「色彩，色調」を捉えることが多分できるはずである．事実，事例によっては抽出した「色」を手掛かりに「眼前のもの」が一体何なのかを推定しようとする傾向を示す．

例えば，Fischer [11] の8歳の少女の場合，6歳頃までわずかではあるが視覚が残っていて，眼振 (nystagmus) もなく，固視も可能であった．この (第2群に属するとされた) 少女は，「主に色に依拠して，見たものがどんな果物かを決めていたらしい．ミドリならナシ，アカならリンゴ，アオならプラム，というように」(Senden, 1932, pp. 135-136 による)．

また，Leprince [63] の8歳の少年に関する報告によれば，「色を記憶する学習については，極めて速やかに進行し，この学習のあとでは事物を特定する際，少年はこの新たに獲得した知識を用いるようになった」(Senden, 1932, p. 136)．

しかしながら，色だけに頼ってその担い手である具体物を推定しようとすると，失敗したり，同じような「色」を共有する他のものとの混同を惹き起こしたりする．例えば，Seydel [58] の10歳の少女は，「学習試行のたびごとに，まるで単語でも覚えるかのように，事物を見ることを習い覚えていったが，初めは主としてそのものの色を頼りにしていた」(Senden, 1932, p. 136)．そのため，同じ色の他の事物との間の混同がしばしば起こった．例えば，「マッチ箱」と「リンゴ」とを取り違えたりしているが，そのリンゴはこの少女が前の日に，その「黄色と赤」という「色」を頼りにして識別することを習得したばかりのものであった．同じような「黄色と赤」がたまたまマッチ箱のラベルにも施されていたのである．

色に依拠してその担い手を推定するこうした傾向は，手術後の初期段階のみならず，そのあともかなり長いこと続くといわれている．しかし，第3群に相当する開眼者の場合——あるいは，第2群であっても「形」の弁別・識別学習

を経たあとでは——,「色」以外の「大きさ・長さ」やものの表面の「形状」などをも抽出し，それらを，いわば重ね合わせる操作によって，課題に対処し始める．

例えば，Hirschberg [24] の7歳の少年は「大きな本箱」を見て，「それはストーヴだよ，ストーヴと同じくらい大きいから」と言った．その15分位あと外の街路でたまたま見つけたものに対して，「あれは大きくて，丸い……だから，あれは樹でしょ」(Senden, 1932, pp. 164-165) と報告している．しかし，そのとき少年が見ているものは，実際には「樹」ではなかったのである．前者は「大きさ」が似ていることによる混同であり，後者は「大きさ」と表面の「形状」という2つの属性を共有するものの間の区別がつけられなかったことを意味する．

このような状況に直面した開眼者たちは，一体どのような対処の仕方，ないしは操作方式を講じることで，眼前の提示物を「類」として，さらには「個物」として特定するようになるのであろうか．この謎を解く鍵を，残念ながら，Senden が集録した開眼事例の研究者も，また Senden 自身も用意してはいなかった．

2　問題探究の基本方針

開眼事例に関する多くの研究資料・文献を通してしか知らなかった上記の難問に，筆者らが直接逢着したのは，1962年以来現在までに出会った20人に及ぶ先天盲開眼者の方々の貴重な視覚体験報告とそれぞれの日常場面での触・聴覚への依存行動とを介してであった．表7-1 に示したのは，手術後における事物ならびにその属性の弁別・識別課題に，長期間取り組んでこられた5人の開眼者（以下，敬称を略し，SH，NH，KT，TM，HH と表記）である．本章では，このうち主として TM と HH に関する資料を取り上げ具体的な内容について記述を進める．

TM は生後1年2ヵ月頃，角膜白斑に罹患して両眼とも失明状態（左眼は光覚弁，右眼は視力ゼロ）になった．11歳のとき，視力が比較的良好（手術直前は 30 cm 指数弁）だった左眼のみの手術を受けている．担当医師によると，

表 7-1　各開眼者の失明時期，眼疾患，受術年齢および受けた手術の種類

開眼者（性別）	失明時期／眼疾患	最初の手術を受けた年齢 （入院／手術の年月日）	手術の種類
SH（男性）	左右眼とも先天性白内障	右眼：20 歳（'72. 8. 1） 左眼：21 歳（'72. 10. 20）	左，右とも水晶 体摘出
NH（男性） （上記 SH の弟）	左右眼とも先天性白内障	右眼：17 歳（'72. 8. 1） 左眼：18 歳（'72. 10. 20）	左，右とも水晶 体摘出
KT（女性）	左右眼とも先天性白内障 （右：眼球癆）	右眼：2, 3 歳頃 （その後視力ゼロ） 左眼：15 歳（1964 年頃）	水晶体摘出
TM（女性）	1 歳 2 ヵ月／角膜白斑	左眼のみ：11 歳（'62. 3. 16）	角膜移植
HH（男性）	5 歳頃／角膜炎	右眼：28 歳（'75. 2. 12） 左眼：29 歳（'75. 7. 11）	左，右とも角膜 移植

（鳥居・望月（2000）p. 28，表 1-1 を改変）

初め（1962. 3. 16）虹彩前癒着をはがす手術を，次いで（同 3. 24）角膜移植の手術を実施したとのことである．TM に筆者が初めて会ったのは，手術後 4 ヵ月余を経た頃（'62. 7. 24）であった．その日以降，TM 自身ならびに付添の母親に尋ねることにより明らかになった手術前の TM の保有視覚は，表 7-2 上欄に示すように Senden の分類による第 2 群にほぼ相当するものであり，その左眼を直接観察した限りでは，眼振と思われる不規則な動揺が認められた（鳥居，1993）．

一方，HH は 5 歳頃角膜炎により両眼とも失明し，28 歳で右眼（'75. 2. 12）の，29 歳で左眼（同 7. 11）のそれぞれ角膜移植手術を受けている．手術担当医師（名古屋大学眼科の故市川宏教授）の紹介で初めて HH に筆者が会ったのは，その第一眼（右）の手術後 92 日目（'75. 5. 14；左眼の手術前）のことであった．同大学眼科学教室で行なわれた詳細な眼科学的諸検査の結果ならびに日常場面での観察に基づく所見については市川ほか（1976），安間ほか（1977）に譲り，ここでは概略のみを表 7-2（下欄）に示した．手術直前の視力は左右眼とも眼前手動弁（眼の前で手が動くのがようやく分かる段階）となっているが，手術前の左眼について検討した結果によれば，若干の基本色（シロ，アカ，キイロ）ならびに幾何学的図形（円，正方形，正三角形）の識別が可能な程度の保有視覚があったものと認められた．ただ，しきりに中間色が分かりにくい，と言っている．また，立体に関しては，「円柱―立方体」の弁別課題

表 7-2 開眼事例（2例）の保有視覚と直後の視覚体験

開眼事例	保有視覚に関する報告	手術直後の視覚体験報告
TM 生後1年2ヵ月で角膜白斑のため両眼失明，11歳で左眼のみの角膜移植．	「アカ，アオ，クロは分かったが，ミドリとアオの区別はむずかしかった」「色名は母から教えられた」「形は分からなかった」．	手術直後「キイロがとても鮮明で，印象的だった」．手術後4ヵ月頃，白台紙に黒色の面図形（1辺3.6 cmの正方形）を1つ貼ったものを初めて見せたとき，「（形は）分からない．どこにあるのかその位置は分かる．色はアオ……でも薄い．もやもやしている」．
HH 5歳頃角膜炎のため両眼失明．28歳（右）と29歳（左）のとき角膜移植．	眼前で「シロ，アカ，キイロなどが見えた」「真赤は分かったが，薄い赤は分からなかった」．本人は「形は見えない」と言うが，手術前の左眼について三角形，円，正方形の識別ができることを確認．	「手術の後，色がはっきりし，シロやキイロなら10 cmぐらい離れても分かる」．（そばの机に対して，）「今は眼で何かあることは分かるが，机とまでは分からない．でも手術前はあることさえも，眼では分からなかった」． 第1眼（右）の手術後92日目に初めて会ったとき，4種の2次元図形の識別が可能なことを確認した．円錐を提示すると，「何かあるのは分かるけど，眼では何であるかは分からない」．

（鳥居・望月，2000 より作成）

で，それぞれを「マル」「シカク」と呼び分けている．そして，「『高さ』は分からない，分かるのは表面だけだ」と付け加えている．「立方体―四角柱」の弁別実験ではチャンス・レベルに相当する結果しか得られていない（高さの差：2 cm）．

表7-2に示したような視-運動系の状況に基づき，筆者らは次のような基本方針を立てて，TM，HHの協力のもとに，いまだ形成されていない視覚の下位機能に関する弁別・識別活動の発現・促進・錬成を図ることを計画した．すなわち，究極の目標である日用品などの識別活動の育成に先立って，まず「事物」を構成する属性（「色」「図領域の大きさ・長さ」「図領域の延長方向」「図

領域の形状」「3次元的形態」など）の弁別・識別活動を順次確立していく（ただし，各開眼者の状況に応じて一部を省く）ことにした．

　具体的には，TM については「2次元図形の形」の識別課題（3種の基本図形である正三角形，正方形，円の間の）から出発する．HH の場合には，4種の基本図形（上記のものに菱形を加えた）の識別学習を進めるとともに，状況をみて基本的な「立体」の弁別，次いで識別実験を導入していく，というのがそれぞれの計画の大筋であった．

3　初めて見る事物

　TM と初めて会ったのは上述のように手術直後ではなかったから，開眼直後の視覚体験を直接 TM に尋ねる機会を筆者らは逸したわけである．しかし，それ以後の協同実験を通じて，最初の手術後初めて包帯が眼から外されたときの印象を TM は折にふれ何度も語ってくれた．「ベッドのそばにあった造花のチューリップの黄色がとても鮮やかで，今でも強烈な印象となって残っている」というのが，その報告内容である．ただ，ここで重視しなくてはならないことは，その「黄色」のものが「チューリップ」であることまで分かったわけではなく，傍らにいた母親に教えられて，それと知ったという事実である（鳥居・望月，2000）．すなわち，この言語報告は，TM が開眼直後の眼で識別したのは「事物」そのものではなく，それの「属性」の1つである「色」だけだったことを端的に物語っている．

　TM との協同実験で，日頃接する機会が少なくないと思われる日用品を単独で机の上に置き，それがどんな物かを尋ねてみる課題を初めて実施したのは，最初の手術日（'62. 3. 16）から9年9ヵ月を経た頃（'71. 12. 27）のことである．その時までに，さきの基本方針に則って種々の大きさの3種の黒色面図形による識別実験を約1年間（'62. 7. 30〜'63. 7. 13）にわたって実施し，——よほど小さいものでない限り——80％ ないし 90％ に及ぶ対応率（「形」と「名称」との対応づけに成功した百分比率）を示すまでになっていた（Umezu, Torii, & Uemura, 1975）．その後協同実験はしばらく中断（TM と筆者ら双方の事情により）されたままになっていたが，TM の強い意欲に促されて，あらためて再開

表 7-3 事物に対する開眼者 TM の言語報告

実験実施日	提示事物	言語報告
'71.12.27	紅茶の缶（オレンジ色の地と白色の文字）	「アカ……」
	茶筒（黄緑色）	「ミドリ……」
	本（青い表紙） （閉じた状態で示す）	「ブルー……」
'72.3.21 （部屋の中のものについて尋ねる）	ロッカー（灰緑色）	「グリーンみたいなものがある」
	本棚（黄褐色の棚に本が並んでいる）	「何かがある……ゴチャゴチャしている」 「何か並んでいる．上の方は，キイロっぽい」（1.2 m 前方）
'72.9.30 （部屋の中のものについて尋ねる）	本棚	「キイロっぽいものがある」（1.5 m 前方）
	衝立（茶色）	「分からない」 「色は分かる」というが何色かは答えられない

（鳥居・望月，2000）

し，可能な限り続行しようということになった．

　再開した日，TM はまっさきに「この頃眼を使わなくなったので見えにくくなった」と言っている．それでも，簡単な状況探索実験の結果，一旦学習した基本的な 3 種の図形の識別活動が十分維持されていること，ならびに自主的に学習した「数字（白紙上に書かれた墨字）」の識別も何とかまだ可能な状態にあることが明らかになった．また，「（何かを）見たいと思うとき，その色は分かった」と言うので，この言語報告を実験を通して確かめようとしたのである．表 7-3 の「'71.12.27（実験日）」の項に示したのはそのときの提示対象とそれぞれに対する TM の言語報告である．紛れもなくこれは，TM が，依然として所与の具体物からその属性のうちの「色」だけしか抽出し得ない段階にいることを示している．

　これに対して，表 7-4 には HH との協同実験で，試みに初めて具体物を提示してみたときの結果が示してある．これを上の表 7-3 と比べてみれば，その差は歴然としている．第一眼（右）の手術後 4 ヵ月しか経ていない時期（'75.6.18）でありながら，このとき HH は各具体物の「色」には一切言及せ

表 7-4　提示事物に対する開眼者 HH の言語報告
（1 回目：'75.6.18―第 1 眼の手術後 4 ヵ月目）

提示事物（提示順）	言語報告	手で触ってからの報告
(1) ストップウォッチ	「何かあることは分かるが，何かは分からない」	「時計だ．丸いのは分かったが，ガラスとは分からなかった」
(2) テニスボール	「丸いボールみたい」	「ゴムマリ」
	「横からだと分かるが，上からだと分からない」	「ザラザラは眼では分からない」
(3) 紅茶の缶	「何かの缶……丸い」	「四角だ！　光るので缶だと思った」
(4) サインペン	「長い棒，分からない……ただの棒ではない」	「ボールペン……形は見えなかった」
		「黒い点点（文字）は見えた」
(5) ピンポン球	「ボール，テニスボールの方が大きい」	「眼ではツルツルは分からなかった」

（鳥居・望月，1997；2000）

ず，それらの「長さ・大きさ」「形（丸いボール，など）」を捉えようとしている．テーブル上の具体物を，視点を変えて見る（視点変換）行動もすでに現われている（「テニスボール」や「ストップウォッチ」のとき，など）．しかしながら，複数の属性を抽出しても，それらの担い手を「類」ないし「カテゴリー」として特定する（「テニスボール」と「ピンポン球」に対し「ボール」というように）だけにとどまっていて，「個物」として特定し得たものは一つもないことも，また表7-4は示している．

加えて，表7-4の右欄にある「手で触ってからの報告」をみると，この段階のHHにとって，「ザラザラ（テニスボール）」「ツルツル（ピンポン球）」といった触感に基づく属性の抽出が「個物」としての特定には欠かせないものらしい，ということが推察できる．ちなみに，TMも事物の識別課題を始めてから1年半を経た頃（'73.5.19），上のHHの場合と同様の段階にいたことを示唆する体験報告を寄せている．

それは，「あるとき道端で，青く，光っているものがあるのを見付けた．多分水溜りだろうとは思ったが，ためしに足先を入れてみた，冷たかった……それで次には水溜りが見ただけで分かるようになった」という内容であった．このような他感覚への依存によって成り立つ事物の識別活動の仕組みをわれわれ

は一体どう理解したらよいのであろうか．そもそも，「色」を欠く触覚というルートによっても，他方「触感」や「温冷感」が欠如した視覚ルートを介しても——つまり別々のルートを経ていながら——同一の事物に到達し得るという仕組みを，われわれはどう解き明かしたらよいのであろうか．

4　事物識別への道程

4-1　属性弁別・識別活動の増強

表 7-3 および表 7-4 から TM の場合には，事物の識別に至る長い道程のうちの「単一属性（色）抽出段階」に位置していること，それに対して HH の方はすでに「複数属性（大きさ，長さ，形）抽出段階」にまで進んでいることが明らかになった．（TM も「明るさ」属性について抽出可能と考えれば複数属性抽出段階に進んでいるのかも知れないが）．しかし，この段階にとどまっていては TM はもとより HH でさえも「個物」の識別という目標を確実に達成することはできない．

そこで，まずそれぞれの属性弁別・識別活動の増強・形成を図ることを計画した．TM に対しては，すでにある程度育成されている「2次元図形」の「形」に対する識別活動をさらに錬成する実験に着手した．すなわち，上記の3種に菱形を加えた4種の図形による識別実験にとりかかった．開始後約3ヵ月間（'72.1.12〜同 4.4）で，十分な成果をみることができた（総試行数：358）ので，ひき続き，TM 自身の要望に沿って「墨字（ひらがな）」の読字・書字学習に入った．約5ヵ月間（'72.4.11〜同 9.30）でそれもほぼ完成の域に達している（鳥居, 1979a）．

HH については，①初めて会った日（'75.5.14）に試みた「色」の識別実験の際，用意した8種の色見本（26×18 cm の標準色紙による黄，赤，緑，黄緑，橙，黒，青，紫）のうちの3種（アカ，キイロ，クロ）しか識別できないことが判明したので，この実験を継続することとし，併せて②「2次元図形」の識別活動を増進させる実験を開始した．次いで，約3ヵ月ののち（'75.8.11）③「高さ」「立体」などの弁別実験にとりかかった．

主な結果を要約すると，次のようになる．(i)「色」に関しては，確実に弁

別し得る色が順次増えていって、開始後3ヵ月頃（'75.8.18）には5種（上記の3種のほかミドリとアオ），6ヵ月目（'75.10.22）には6種（黄緑を「ミドリのウスイイロ」）となった．ただし，当初から HH が苦手と言っていた中間色（キミドリ，オレンジ，ピンク，ムラサキ）と各色名との一対一対応が成立したのは手術後4年半を経た頃（'79.9.2）であった．他方，(ii) 数種の立体模型（立方体，円柱，四角柱，円錐など）からランダムに選んだ2種の「立体」弁別実験でその正答率が100% に到達した（総試行数：60）のは，開始後約1年目（'76.6.8）であった（Mochizuki & Torii, 2005）．(iii) 2種の立体弁別実験が完成に近づきかけた頃から始めた4種の立体模型による識別実験でも，HH は 100% の正答率を示すまでになっている（総試行数：31）．

4-2 「物の世界」への視覚的接近

属性の弁（識）別活動に関わる上記の錬成実験を開始して2ヵ月近く経った頃（'72.2.19），TM は「最近ようやく，外を歩いているときポストや自動車や赤電話を見付けるのが楽になりました．何かを探そうという気になると，それが見えるのです」と言うようになった．その3ヵ月後のある日（'72.5.30）喫茶店に筆者と入った際には，席につくとすぐ TM は 30 cm 位離れた所に置かれていた鉢植の大きな木に気付き，「これ，ゴムの木ですか？」と正しく推定した．「色は？」と尋ねると，「濃いミドリ，草の色とは違うけど」と答え，さらに「見慣れてくると，（見たものが）段々分かってくることに，この頃気付くようになりました」と付け加えている．ところが，実験実施場所の部屋の中では，表 7-3 に示したように上記の「喫茶店」の4ヵ月後（'72.9.30）でも家具などに対して「色」しか報告していない．

HH とは表 7-4 の初回の実験の約2ヵ月後（'75.8.11）に2回目の事物識別課題を筆者らは設定している．その結果をみると，「分からない」としか答えないもの（「万年筆」，「ドライバー」，「腕時計」の3個）や単一ないし複数の属性を抽出しているもの（例：「赤鉛筆」に「アカかな？」，「灰皿」に「光っている，外側が丸い」，「懐中電灯」に「カガミかな？ 光って，何かうつっている」などの6個）が大半を占めているものの，その一方で名称を言い当てているもの（「メガネ」，「チャワン」，「キビショ（急須）」の3個）も少数ながら

出現している．HH の場合，早くも視覚による「物の世界」の曙光が見え始めたと考えてよいのではないか．他方，実験室場面では上記のような段階にある TM も，やがてはこの HH の段階に到着するに違いない．とはいえ，いずれにしても，現段階から次の段階への移行を少しでも早く実現するためには，何らかの方策を立てなくてはならぬ状況下に，TM も HH も位置していることは確かである．

4-3　一つの方策：同一物の反復観察

新しく得た視覚による「物の世界」への接近とその確立を図る目的で筆者らが立てた一つの方策は，同一物を反復観察する（触運動系のたすけをかりつつ）機会を作るというものであった．従来の開眼事例報告を繙いてみると，先天性白内障の 5 歳の少年（Uhthoff, 1897）について術後（1896.8.13 入院）の早い時期（同 8.27）に最初の事物識別課題が行なわれた記録例がある．それによると，「触覚を通して熟知している物も初めは視覚だけでは識別することができない．だが，玩具（ボール，トランペットなど）を触りながら観察するように言うと，若干の練習ののち，少年は視覚だけで個々の対象（例えば，トランペット）の名称を告げるようになった」（Uhthoff, 1897, pp. 200-201）という．なかなか示唆に富む研究結果ではあるが，基本的な手続きなどが十分に記載されていない．

そのため，筆者らは同一物の反復提示実験を実行に移す前に，手続き上の一連の基本方針を立ててみることにした．まず，①各実験日に提示する具体物（提示材料）を十数個までに限定し，そのうちのいくつかは実験場面で 1 回以上視覚的に観察し，さらに触知したことがあるもの（R 群）とする．それ以外は同じく実験場面でそれまでに 1 回も提示されたことがないもの（NR 群）とする．②R 群に属する具体物については，その置き方（テーブルの縁に対する当該事物の縁の傾きぐあいなど）を各実験日を通じて同一に保つ．また，その状態（例えば，「本」を開くか閉じるか）に関しても，終始変えないようにする．ただし，置き方を一定にするといっても，テーブルについている開眼者の視線に対して，3 次元の提示材料の構成面のうちのどれを向けるのが最適か，という厄介な問題がそこに内在している．さしあたり，③日用品などの場合に

は使用状況に即した置き方で，また動物の模型などではその構造特性がよく現われる置き方で，実験を進めることにした．以上のような条件設定で反復実験に臨んだのは，従来の事例研究をみても，「提示条件を変えることは，（開眼者を）大きな混乱状態に導く」（例えば，Uhthoff, 1897, p. 202）と報告されていたからである．

さらに，TMと「立体」の弁（識）別実験（上記の反復提示実験と同時期に着手）を行なっている間に，提示対象の影（像）――テーブル面に投げかけられている cast shadow――が識別活動を妨害することに筆者らは気付いた．少なくとも手術後しばらくは，一般に開眼者にとって見ている箇所が影なのか実体の一部なのかの区別は難しいのである．そのため，④実験の初期には照明の数やその位置などを調整して，提示対象の影（像）がテーブル面上にできないよう配慮する必要がある（もともと保有視覚が限定されていた先天盲にとって，「影，陰影」などは存在しなかったのであろう．TMがあるとき「どんな小さなものにも，影があるのですね．不思議ですね」と語っていたことを――時期は不明だが――筆者は記憶している）．

4-4　事物の識別に至る過程

当初，眼の前に初めて出された日用品などを見ても，開眼者はそれが「何であるか」が分からない．だが，上記のような方針に則って同一物を適宜日を隔てて何回か提示するうちに，一連の段階を経て，次第にそれを「類」として，さらに「個物」としても特定し得るようになる――このような経過が次第に明らかになってきた．任意にR群に割り当てた具体物の1つを例にとって，その経過の一端を窺ってみることにしよう．

表7-5-1はTMと初めて反復提示実験に入った日（'72.10.7）に「ストップウォッチ（色，大きさ，形などは表内参照）」を（α）まず眼で見てもらい，（β）次いで手で触って確かめるよう教示した際の，TMの自主的な言語報告および筆者らの質問に対する応答を要約したものである．これをさきの表7-3の結果と比べてみれば，いずれも当該事物の特定にまでは至らなかったという点では軌を一にしているが，属性抽出活動の上ではそこに刮目すべき差があるといってよい．しかもこのときTMは所与の対象を視点を変えて，斜め上方

表 7-5-1 提示事物とそれに対する TM の報告（最初の本格的識別実験：'72.10.7）

提示事物	視覚とそのあとの触覚による報告	
ストップウォッチ （白い盤面に黒い針，黒い紐がついている） （直径 6 cm の円形，縁は銀色で，青いカバーが外側についている）	（a-1）顔を近づけ，上から見て	「<u>シロ</u>ガ上ニアル」「真中ニ<u>シロ</u>」 （形は？） →「上ノ方ノ<u>クロイモノ</u>ハ<u>カゲ</u>デスカ？」 「<u>カドガアル</u>ミタイ」
	（a-2）身体を動かし，横から見て	「コレハ<u>マル</u>デスネ」 （厚みは？）→「少シ，……チョット」 「サッキノヨリ<u>厚ク</u>ナイ」 （大きさは？）→「手ノヒラノ<u>大キサ</u> （7 cm ぐらい）」
	（β）手で触れると	「真中ノ<u>クロイ</u>ノガ見エテイタ （針とは分からず，色だけ報告）」

* TM の言語報告内容はここでは片仮名で，実験者が応答を促すために発した言葉は平仮名で，それぞれ示した．なお，表の中で下線を付したものは，眼で抽出した属性，ないし TM が推定した事物の名称で，「影」も眼で捉えたものとして同様に扱うことにする．

（鳥居・望月（2000）を改変）

表 7-5-2 同一・同類の事物（ストップウォッチ）を反復提示したときの TM の言語報告

提示回数 （実験日） 提示事物	② '72.11.31	③ '73.5.26	④ '73.6.23	⑤ '73.11.10	⑥ '73.12.1
ストップウォッチ [表7-5-1参照] ただし，6回目に外縁が銀色の別のストップウォッチに換える	「茶わんみたい」 「ものが何かが分からない」 「真中が光っていて白っぽい，あとは黒っぽい」	「<u>三角</u>みたい」(30秒) （黒い紐がついているのを，ほどいて伸ばし，もう一度見せる） （近づきすぎて，鼻が少し触れる） 「トケイみたい」	「何かの容れもの」 「何かのカン」 （形は？）→ 「<u>四角</u>っぽい」 「何か入る，厚みのある」 （色は？）→ 「シロ，光っている」 「横の方はアオ」 「見たことあるけど知らない」	「<u>丸い</u>」 「わりと大きい」 「真中に細いものがある」 「まわりがアオっぽい」 「<u>トケイみたい</u>」	（これまでのものとは異なるストップウォッチにする） 「<u>トケイみたい</u>」 (33秒) 「中の文字で分かった，文字は読めないが，グルリとあるので，トケイと思った」

（鳥居・望月（2000）を改変）

から見ようとする行動を自主的にとっている．

次に表 7-5-2 に示すのは，最初の実験日から 1 ヵ月後（2 回目の提示），さらにその 6 ヵ月後（3 回目），……というぐあいに，1 年 1 ヵ月の間に 5 回にわたって同一の「ストップウォッチ」を観察してもらったときの TM の言語報告である．「色」だけでなく，「2 次元の形状」（表 7-5-2 で下線）についても

表 7-6　同一事物を一定の置き方で反復提示したときの HH の言語報告

提示事物	提示回数（実験日）② '75.8.28	③ '76.6.7	④ '77.3.26
ストップウォッチ（初回の結果は表7-4-(1)参照）	（眼では）「何かの容れもの？ 光っている」	（眼では）「分からない」	（眼だけで）「メガネかな」「1つしかないので，時計かストップウォッチ」「針の動くのが分かる」
	（触ると）「時計，ストップウォッチ」	（触ると）「ストップウォッチ」	
	（触ったあと再度見ると）「丸く見えた，針が見えた」	（再度見て）「（紐を指して）カゲ？」「（針の）動いているのが見える」	

（鳥居・望月（2000）を改変）

促されることなく述べるようになってはいる（3回目と4回目）が，実際通りの「丸い」という報告になったのは5回目（'73.11.10）であった．一方，3回目に「トケイみたい」（ただし，鼻が触れている）と言い，4回目には「見たことがある」（同上，波線）と何らかの記憶表象を思わせる報告をしているものの，5回目でようやく「トケイみたい」（同上，二重下線）と眼で確実に捉えるに至った．真中の「細いもの」（「針」とは言っていない）が，この判定の手掛りになったのであろうか．

そこで，同じく「ストップウォッチ」ではあるが，これまでの外縁が「青」のものに換えて，「銀色」のものを提示してみたのが，6回目（'73.12.1）である．33秒かかって TM は「トケイみたい」と言い当て，その手掛りについて，（円盤の）「中の文字（読めないが）が……グルリとあるので……」と明確に報告している．「ストップウォッチ」とまでは特定していないが，「トケイ」という「類」の把握に，外縁の「色」が違っていても，TM はこのとき成功したのである．この結果は，初期段階で提示対象から抽出していた「色」という属性を，TM が確実に考慮の外に置いたことを意味する．

比較のため，上記の「ストップウォッチ（外縁が青）」を前後4回にわたっ

て観察する実験をHHの協力のもとに実施したが，その結果を要約すると表7-6のようになる．表7-4にすでに示しておいたように，この「ストップウォッチ」は実験場面でHHに提示した最初の具体物であった（第1眼の手術後4ヵ月頃）．したがって，表7-6にはこれ以外の，2回目以降の各実験におけるHHの言語報告が載せられている．眼では，2回目（初回から2ヵ月後）も3回目（初回から1年後）も類あるいは個物として特定できなかったにもかかわらず，触りさえすれば「時計」あるいは「ストップウォッチ」と捉えている．そのすぐあと再び見た際には「丸い」こと，「針」があること，さらに「針が動いている」ことを見付け出している．このような視覚—触覚—視覚による知覚体験が4回目（初回から1年9ヵ月後）の（眼だけで）——「メガネかな」という推測を経て——「時計かストップウォッチ」という判定に繋がったのであろう．むろん，このままではHHはまだ「ストップウォッチ」には行き着いていないことになる．だが，表7-6（3回目）のように，触ればその目標点に到達しているのだから，眼だけでもやがてそれが可能になるはずである．

5　属性の抽出と統合

　眼の前の事物から，そのものの属性（光り工合，色調，大きさ，長さ，2次元の形，さらに3次元の形態）をいくつか抽出し得るようになった開眼者（TM），ないしはすでにその段階に至っている開眼者（HH）は，それらを単純に重ね合わせるような推定方式をとって，その担い手を探り当てようとする．1節で引用したHirschberg［24］（7歳の少年）の場合は，いわばその典型例（126頁参照）であり，筆者らが出会った他の開眼者たち，すなわちKT，SH，NH（表7-1）に関しても，その点例外ではなかった．

　いま，複数の属性（a, b, …, i, …）をもって構成されている事物（Ox）があるとする．そのOxから観察者が2つの属性（a, b）を抽出し，単純な重ね合わせ方式をとって，それらの担い手を推定したとしよう．このような推定方式を複数属性の「重ね合わせ操作」と名づけたのは，図7-1あるいは図7-2のようにこれを図解してみると分かりやすい，と考えたからである（鳥居，1979b）．ここで，A，Bという円形領域はそれぞれ属性（a），（b）を共有する

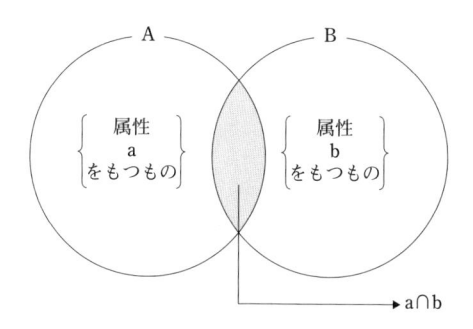

図7-1　2つの属性 (a, b) の重ね合わせ
（各領域の面積がほぼ同じ場合）

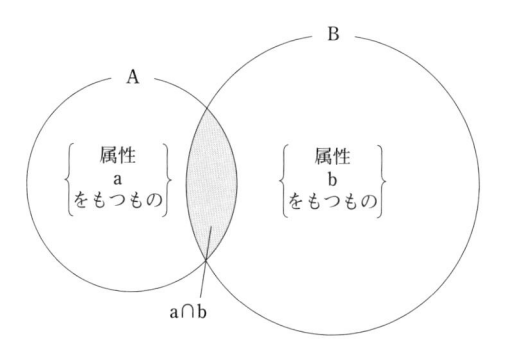

図7-2　2つの属性 (a, b) の重ね合わせ
（2領域間の面積が異なる場合）

ものの集まりを表わし，一方斜線を付けた領域，すなわち上の A, B 領域が重なり合っている領域は属性（a∩b）を共有するものの集まりを表わすものとする．なお，図7-1 は A, B 各領域に含まれる元（要素）の数（円の面積で表現される）がほぼ同じと想定した場合の図解で，図7-2 はそれらの間に差があるとみたときの図解である．

　ところが，このような 2 ないしそれ以上の属性の単純な重ね合わせ操作では，実際には提示された事物を特定することは難しい．その具体例は表7-5-1，表

7-5-2 にすでに現われているが，次の実例を加えておくことにする．

HH（'75.8.11）・「灰皿」：［光っている］∩［外側が丸い］→？（触ってから，灰皿）
TM（'73.10.20）・「マッチ箱」：［赤い］∩［四角い］∩「厚みは少し］→？（触ってから，マッチ箱）

これらはいずれも提示事物の識別はもとより，その推定さえも眼ではできなかった例であるが，次に挙げるのは，抽出し得た属性群を共有すると思われる候補を一つ，あるいはいくつか推定している具体例である．

TM（'72.10.7）「フィルムの箱」：［キイロ］∩［厚みがない］∩［長い］∩［アオがところどころ］→［クレヨンの箱］，「小さい本」
KT（'74.9.28）「白チョーク」：［光っている］∩［細長い］→「ライターかな？」

ときには，抽出したはずの属性には一切言及せず，「クルマかな」「バッグかな」「サイフかな」と該当する候補を列挙している場合（KT（'78.5.6）「辞書」）もある．もっとも，たまたま推定が当たる場合もないとはいえない．KT は初めての事物提示実験の際（'74.9.28）「ずい分長いもので先の色が違う……エンピツみたい」とその特定にほぼ成功している．しかしこれは極めて稀な例であるといって差支えない．

だが，上記のような実験室場面を離れると，状況は一変する．例えば，TM は事物の反復提示実験を始めるとすぐに，「テーブルの上の湯呑みが仮にとんでもない所に置かれていたら，それと分かるかどうか……」（'72.10.7）という趣旨の発言をしている．KT もまた，この種の実験を始めるや否や，「ものはそれがどこに在るかによって判断できる．テーブルの上に『クツ』などが置かれていたら，私には分からない」（'74.9.28）と語っているが，他の開眼者たち（表7-1）も同様の見解を表明している（望月，1985）．開眼者にとって，恐らく手術後のある期間，「もの」は「在り場所」から切り離すことができないことを示唆する報告であり，同時にわれわれ晴眼者が不用意に採用する「事物の識別課題」の場面設定に対する批判（Palmer, 1999参照）を含むものでもあ

{道にあるもの}

{四角いもの}

{赤いもの}   {赤くて，四角いもの}

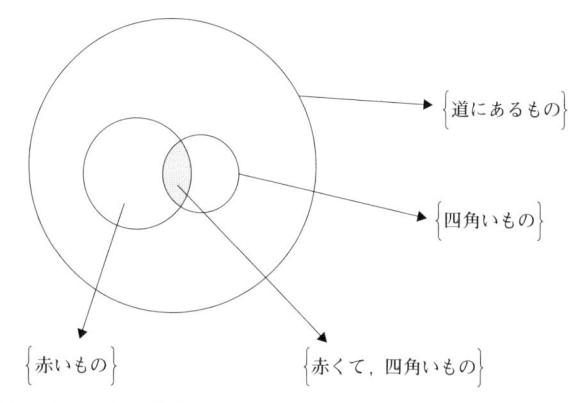

図7-3 戸外で「ポスト」を探索・特定する具体的な方式（KT）

る（鳥居，2005）．

　確かに日常生活場面ではTMもKTも上述の言語報告を如実に示すような，在り場所に即した，事物の探索・特定行動をとっているようである．「（駅で水呑み場を探すとき）プラットホームに在るものは（ベンチ，柱，ゴミ箱，水呑み場などに）限られている」（TM，'78.8.10）という指摘，また「道にあって，赤くて四角いものだと，ポストと分かる」（KT，'74.10.5）という体験報告などはそのことを端的に物語るものといってよい．

　いま，KTの体験報告に基づく「ポスト」の探索方式を例にとって，それを図解してみると，図7-3のようになる．すなわち，特定の場所（道）に在るものはほぼ限られているから，その中から2つの属性（a, b）を併せもつ（a∩b，「赤くて，四角い」）ものも，ごく限られているに違いない．その数（N）を$N(a \cap b) = K$とおくとき，もし$K=1$という状況であれば，図7-1や図7-2のような単純な2属性の重ね合わせ操作で，探そうとしている目標物（「ポスト」）を見付けることができる，というわけである．ただし$K>1$の場合には目標物をすぐさま探し当てることはできなくなる．

　在り場所から引き離されて，テーブルの上に孤立状態で置かれている事物であっても，晴眼者と同様開眼者も（触覚だけでなく，新たに得た視覚でも）それを識別し得る段階に到達するに相違ない——このような想定のもとにTM，HH，KTたちと筆者らは，同一物の反復観察実験を進めることにしたのであ

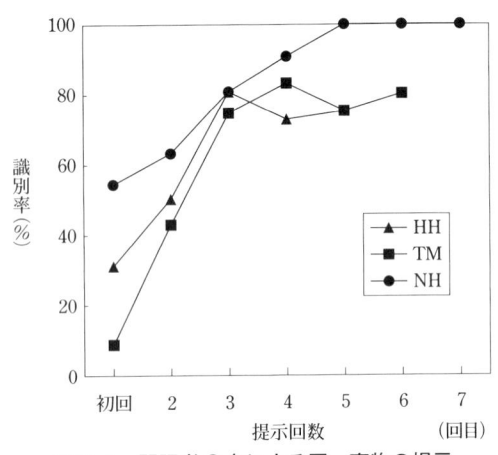

図 7-4　開眼者 3 名による同一事物の提示回数と識別率の変化（鳥居，1981 を改変）

る．その進行に伴い，開眼者たちの属性抽出活動に大きな変換が現われてきた．

上述のような単純な属性の重ね合わせでは目標になかなか辿り着くことができない，という経験を重ねるうちに，事物を構成するいくつかの属性の間には，「重み」の差があることに，開眼者は気付くようになる．偶然与えられたにすぎないような属性（例えば，マッチ箱のラベルの色など）を捨てて，その担い手を特定する上で「重み」の高い属性を抽出するようになる．すなわち，「属性の取捨選択操作」の段階に移行し，それがさらに進展すると，いわゆる「決め手」（KT が用いた言葉）の抽出を試みるようになっていくのである．

KT は初めての事物提示実験（'74.9.28）ですでに「決め手は持つところ」とその識別に成功した根拠を報告している．これに類する言語表現は，TM の場合には反復提示実験の進行過程で現われるようになっている（例えば，表 7-5-2 の「ストップウォッチ」を用いた実験の 6 回目参照）．

参考までに，R 群に割り当てられた事物に対する識別活動が反復提示とともに，どのような増強過程を辿ったかを窺い知るため，TM，HH および NH の各平均識別率を指標にとって図示してみると，図 7-4 のようになる（鳥居，1981）．これでみる限り，同一事物を 3 回（HH と NH）ないし 4 回目（TM）に提示したときにその識別率は 80% のレベルに達していることが分かる．こ

のような結果とほぼ対応するような既視体験が報告されている．例えば，TMは表7-5-2の「ストップウオッチ」を4回目に提示されたとき「見たことがある」と言っている（ただし，このとき識別はまだできていない）．

一方，HHに「万年筆」を反復提示したときの報告（3回目）にも同様の兆しが現われている．すなわち，初めての提示（'75.8.11）で「何かものだけど……」，2回目（'76.6.7）には「鉛筆か何か，長いもの」，そして3回目（'77.3.26）に「ペン」と答えたあと，次のように言っている――「何回も眼で見たものは，頭に残るのだろうか？　触らなくても分かる」．

6　まとめと今後の課題

手術後の各時期における事物の識別課題を通じて，一連の中継段階を経由しつつ，やがては開眼者たちが「決め手」となるものを抽出し得る段階にまで至る径路を，先天盲開眼者たちと以上のように辿ってきた．だが，「決め手」とは一体どのようにして決まるものなのか，またそれはある事物にとって常に一定不変の「本質的属性」に相当するものなのか――このような疑問がまだ残ったままになっている．

あるとき，TMが事物の識別実験開始後7年を経た頃，次のような体験報告をしたことがある．「以前は物を見るとき，前に見たものの『色と形』を思い出そうとしていた．今では，それを『もの』として見ようとしている」（'78.11.9談）．この言葉の意味するところを，まだ筆者らは解き明かすまでに至っていない．

最後に，上記の「属性抽出から事物に至る径路」とは別の，もう一つの「事物に至る径路」について付言しておくことにしよう．1990年代に，国立身体障害者リハビリテーションセンターで，山田麗子と筆者は一人の視覚失認事例（KM）に出会い，その物体失認症状の改善に資する方策を探索していたことがある（'98.10～'99.8）．その症状のうち最も際立っていたのは，ごく少数の日用品を除いて，動物・果物・乗り物（除：自転車）の実物，模型，写真，絵画などの識別が困難なこと（例えば，「柿」のカラー写真に対し「マル，キイロ」とだけ報告）と，日用品のうち眼で見ただけでは分からなくても，そのも

のの機能・用途に関わる動作・身振りをして見せると，特定できるものが少なからずあったことである（山田・鳥居，1999；詳細は未公刊）．

　例えば，「クシ」をKMの眼の前に置いても「分からない」としか言えないのに，それを筆者が手に取って「髪をすく」身振りをして見せると，すぐさま「クシ」と答えたのである．このあとすぐ当の「クシ」を再び眼前に置いてみたのだが，識別できないことに変わりはなかった．この観察事実は，KMの場合「身振り・動作を介して事物の特定に至る径路」の方は損傷を蒙っていないことを示唆している．

　一方，先天盲開眼者にとっては，日用品や道具などの操作活動を非言語的に表わす身振り手振りの意味を読み取ること，ならびに，その操作対象を特定することは，望月登志子と筆者とがKTとの協同研究を通して明らかにしたように，当初一般に極めて困難である（望月・鳥居，1987；鳥居・望月，2000）．したがって，上記の「身振り・動作を介して事物の特定に至る径路」を切り拓く手立て・方策を開眼者について講じていくことは，――従来の開眼事例研究の中でこの点に論及したものが皆無という事情をも考え併せると――今後に託された必須の探究課題であるといわねばならない．

引用文献

　Chesselden, W. 1728 Observations made by a young gentleman, who was born blind, or lost his sight so early, that he had no remembrance of ever having seen, and was couched between 13 and 14 years of age. *Philosophical Transactions*, **XXXV**, 235-237.

　Degenaar, M. 1996 *Molyneux's problem: Three centuries of discussion on the perception of forms*. Kluwer Academic Publishers.

　市川　宏・安間哲史・鳥居修晃・望月登志子　1976　先天盲開眼手術後の視知覚獲得過程の観察．第2回感覚代行シンポジウム論文集，59-63．

　望月登志子　1985　開眼手術後における事物の識別．人間研究（日本女子大学教育学会），**21**，1-50．

　望月登志子・鳥居修晃　1987　視覚の発生と非言語的交信行動の形成過程．心理学評論，**30**，49-84．

　Mochizuki, T. & Torii, S. 2005 Post-surgery perception of solids in the cases of the congenitally blind. *International Congress Series*, **1282**, 659-663.

Moran, J. & Gordon, B. 1982 Long term visual deprivation in a human. *Vision Research*, **22**, 27-36.

Palmer, S. E. 1999 *Vision science: Photons to phenomenology*. MIT Press.

Senden, M. von 1932 *Raum- und Gestaltauffassung bei operierten Blindgeborenen vor und nach der Operation*. Barth.（Translated by P. Heath. 1960 *Space and sight*. Methuen.）

鳥居修晃 1979a 視覚の世界．光生館．

鳥居修晃 1979b 視覚の機能構成とその生成過程．重複障害教育研究所研究紀要，**3**(4), 1-35.

鳥居修晃 1981 先天性白内障の手術後における事物の識別．東京大学教養学部人文科学科紀要，**72**, 27-95.

鳥居修晃 1982 視知覚の発生と成立．鳥居修晃（編）　知覚Ⅱ（現代基礎心理学 3）．東京大学出版会，pp. 45-82.

鳥居修晃 1993 開眼手術後の眼球運動．苧阪良二・中溝幸夫・古賀一男（編）眼球運動の実験心理学．名古屋大学出版会，pp. 305-322.

鳥居修晃 2005 先天盲開眼前後における事物の識別：黒田亮博士の足跡をたずねて．基礎心理学研究，**24**, 25-38.

鳥居修晃・望月登志子 1997 視知覚の形成 2――開眼手術後の視空間と事物の識別．培風館．

鳥居修晃・望月登志子 2000 先天盲開眼者の視覚世界．東京大学出版会．

Uhthoff, W. 1897 Weitere Beiträge zum Sehenlernen blindgeborener und später mit Erfolg operierter Menschen, sowie zu dem gelegentlich vorkommenden Verlernen des Sehens bei jüngeren Kindern, nebst psychologischen Bemerkungen bei totaler kongenitaler Amaurose. *Zeitschrift für Psychologie*, **14**, 197-241.

Umezu, H., Torii, S., & Uemura, Y. 1975 Postoperative formation of visual perception in the early blind. *Psychologia*, **18**, 171-186.

Wardrop, J. 1826 Case of a lady born blind, who received sight at an advanced age by the formation of an artificial pupil. *Philosophical Transactions*, **116**, 529-540.

山田麗子・鳥居修晃 1999 視覚失認を呈した症例の物体失認と定位活動．日本基礎心理学会第 18 回大会要旨集，p. 21.

安間哲史・外山喜一・鳥居修晃・望月登志子 1977 先天盲開眼手術後の視知覚獲得過程の観察．臨床眼科，**31**(3), 389-399.

第8章

聴　覚
聴覚障害に学ぶ世界

斎藤佐和

1　聴覚障害と知的発達

1-1　知的能力の心理学的研究

　20世紀初頭，フランスのビネーとシモンによって知的能力測定技法が開発され，最初の四半世紀に知的能力測定の臨床的適用が様々な領域で試みられた．知的障害児への適用の例として，知能検査をはじめとする心理発達研究に裏付けられた教育法を創案し，実験学校を創設したベルギーのドクロリー，イタリアのマリア・モンテッソリなどが知られているが，聴覚障害児を対象とした知的能力に関する初期の研究としてはアメリカのピントナーの研究がある．彼は1910年代から知能検査や学力検査を聴覚障害児に適用し，聴覚障害児の低い学力を知的能力の遅れと言語獲得の遅れの両面から説明した（中野，1999；吉野，1999）．この見解は，1950年代から精力的に聴覚障害心理学の構築を行ったマイクロバストによって修正される．マイクロバストは聴覚障害児の心理的発達を多様な測定技法や実験的方法によって測定・評価した結果，聴覚障害児は非言語性の知的活動には遅れはなく，聴児の知的能力に対比して量的な差は認められないが質的差異があると解釈した（Myklebust, 1960；吉野, 1999）．マイクロバストの質的差異論は一定期間，聴覚障害児の学力遅滞の説明理論として影響力が大きかったが，やはり認知障害説に立つものとして支持されなくなった．マイクロバスト以降，知的能力においてはノーマルであるという視点に立って学力遅滞の原因が追究されるようになり，音声言語習得における困難や遅れと知的活動との関係についての議論へと転換していく．

1-2　知的発達における言語の役割

　フランス語圏の発達心理学研究においては，知的発達と言語の関係の問題は大きなテーマの一つであった．ピアジェ（Piaget, 1923）が初期の著書「子どもの言語と思考」において用いた，幼児の発言から子どもの思考の特徴を描き出す手法は当時新鮮なものであり，子どもの言語への注目度を高めるものであったが，ピアジェの関心は言語より知能の起源とその発達過程にあった．ピアジェは，知能の起源は感覚運動的適応行動の次元にあり，その発達過程で象徴機能が形成され（Piaget, 1936），それが言語の獲得を可能にするとした．

　知的発達における言語の役割に関する議論は，20世紀後半には，より実証的な検証を求める段階に移っていく．オレロンは聴覚障害児を言語発達に制限を受けた事例と捉え，同年齢の聴覚障害児と聴児に対して多種多様な比較実験を繰り返すことによって，知的活動の中で言語の果たす役割について考究した（Oléron, 1957）．この実験デザインは，通常は見えにくい発達過程に病理学的手法によって光を当てるという，フランス心理学の一つの流れに沿うものでもあった．オレロンの論考は，その後「言語と知的発達」にまとめられたが，その大要は，知的発達の起源はピアジェと同様，知覚や行為の次元にあるとするものの，ひとたび人間の経験が複雑化して，知覚的基盤だけでは問題解決が困難になったときに，言語能力の有無，程度が解決方略に関与すると解釈するものである（Oléron, 1972）．

　オレロンは多様な実験（関係判断，法則性の発見，保存の実験などのピアジェ型の課題）において聴覚障害児の成績が聴児に遅れるものとそうでないものがあるという結果を詳細に分析し，一定の語や語句の保有によって問題解決できるという言語の直接的効果より，言語の絶えざる使用による間接的効果があるのではないかと解釈した．間接的効果とは言語使用によって徐々に形成される一種の実践的反応体系をさす．オレロンによれば，言葉を使うことは知覚された事象に対して距離を置くことの絶えざる練習をしていることになり，また用語法や文法規則に従って言語を使用していく緊張が，問題解決の方略に影響していると考える．特に空間的関係よりも，時間的関係が手がかりになる課題における困難，保存の課題における達成年齢の遅れなどに，言語使用の十分でないことの影響を指摘している（Oléron, 1972）．

第 8 章 聴　覚

同様の実験研究を行い，オレロン同様，課題の性質によって異なる実験結果を得たピアジェ派の心理学者であるファースは,「言語なき思考」を著し，聴覚障害児の成績が聴児より低い場合について異なる解釈を行った．知的発達は人間の環境との相互作用である経験に第一義的に関与するものであり，聴覚障害児の低い成績の原因は低い言語能力にあるのではなく，経験の不足によるものであるとしている（Furth, 1966）.

結果解釈の方向は異なるが，オレロンもファースも，聴覚障害児は言語能力に一定の制限のある存在だという前提があったが，後述のように 1980 年代頃から手話を言語とみなす考え方の拡大とともに，これらの解釈が言語を音声言語に限定した論考である点が問題となった．また一方で，20 世紀最後の四半世紀には 0〜2 歳代から補聴器による聴覚活用や早期教育が進展し，加えて近年は人工内耳という新たな可能性も登場するなど様々な要因によって，言語能力や学力において聴児とかわらない事例も増加しつつあり，音声言語において制限のある子どもという見方にも再考が必要になっている．今後，同様の実験では，実験手続きにおいて手話の使用も含めて被験児とのコミュニケーションが十分に保障され，また結果の解釈において個々の対象児の音声言語，書記言語および手話能力との関係について十分考察することが重要だと考えられる．

2　聴覚障害児の聴覚活用に学ぶ

2-1　補聴手段の発展

個人用補聴器が聾学校などの教育の場で幼児期から使われるようになってきたのは日本では昭和 40 年代に入った頃からである．トランジスタ補聴器から IC 補聴器への変換とともに，補聴器の小型化，高性能化が進み，また聴力損失の状態にあわせて性能を調節する補聴器フィッティング技法の進歩もあり，補聴器使用率は着実に上昇してきた．現在では最も聴力障害の重い子どもたちが在籍する聾学校でも大多数が常時または必要に応じて補聴器を装用している．近年，新たな状況として人工内耳装用児が徐々に増加してきており，平成 14（2002）年に日本学校保健会が実施した調査（日本学校保健会, 2004）では，聾学校でも在籍児の約 4.3％が人工内耳装用児であり，今後も増加していくと予

想されている．

　聴覚障害児の教育の場は聾学校（平成19［2007］年度より，制度的には聴覚障害者に対する教育を主として行う特別支援学校）だけでなく，小学校・中学校の難聴学級や通級による指導教室があり，また特別のサポートなしに通常学級に在籍している聴覚障害児もかなりいる．小・中学校に在籍する聴覚障害児の場合は，補聴器使用率は前述の日本学校保健会（2004）の調査では常時使用は85％となっている．話し手から離れた位置での聴取を助けるFM補聴器やFM受信装置を組み込んだ個人用補聴器も実用化されている．また近年ではデジタル補聴器の開発・実用化も盛んで，環境に応じて補聴器の調整を随時切り替えたり，入力音を個人の聴力型に合わせて加工して出力することも可能になってきている．

　人工内耳が臨床応用段階に入ったのは1970年代後半であり，1980年代になって日本にも導入され，特に重度の聴覚障害者に新しい補聴の可能性がもたらされた．聴覚障害のうち最も多い内耳性難聴では，外界から伝わる音を内耳で神経伝達可能な電気的信号に変換する機能が障害を受けているが，人工内耳は電極を内耳に埋め込む手術とエレクトロニクス技術によって，この機能を人工的に実現しようとする仕組みである（城間，2002）．初期には，成人になって聴力を失った中途失聴者を主な対象にしてきたが，近年，2歳頃から児童期にかけて人工内耳埋め込み手術を受ける子どもが増加し始めている．日本学校保健会（2004）が手術を行っている全国の病院に対して行った調査では，平成14年5月の時点で手術実数は2,018名，そのうち70％が成人，就学前児童が21％，小・中・高校生が9％で，子ども全体では611名である．そのうち約7割が3歳をピークに2歳〜5歳の幼児期に手術を受けている．半数以上が人工内耳のみでコミュニケーションを行っていると答えているが，視覚的手がかりとなるキュードスピーチ（日本語音節の子音部分を指のサインで示しながら発話する方法），手話，指文字，筆談を併用しているとするものも半数に近く，人工内耳のみによる聞き取りの困難さも示されている．

　人工内耳は補聴器に比べて効果が大きいと期待されているが，完全な聴力回復をもたらすものではない．人工内耳を通して聴く能力を高めていくには，一定の期間，密度の高い聴覚リハビリテーションが不可欠であることを理解して

おく必要がある．

さらに関連する新たな展開として2001年度以来，厚生労働省の研究事業として新生児聴覚スクリーニング（加我，2005）が導入されたことが注目される．すでに全国の産院での実施率は6割を越えているとされ，これまで1歳過ぎてからの発見が大部分であった聴覚障害の発見が出生後間もない時期にまで早期化してきた．また2006年に日本耳鼻咽喉科学会が，小児の人工内耳適用年齢を従前の2歳以上から原則1歳半以上に引き下げたこともあり，今後，人工内耳装用年齢はさらに低下していくことが予想される．

2-2 多様な次元での聴覚活用

補聴器による聴覚活用が導入された初期において，その大きな目標は音声言語の聴取能力を向上させることであった．聴覚障害児の教育の場では，単語や日常の会話文の聴き取り練習などが，当時，聴能訓練と呼ばれたプログラムの中で重要な位置を占めた．またそれに先立ち，もしくは併行して，幼児期の子どもを対象に，環境音（生活の中の様々な音——チャイム，掃除機の音，トイレの水洗音など，社会の中の様々な音——救急車・パトカーのサイレン音，踏切の警報機音など），楽器音（打楽器，ピアノ，エレクトーンなど）を素材とした聴取練習も遊びの形で試みられた．また音楽を聴いて体を動かしたり，歌ったりする活動も積極的にとりいれられた．それらは環境音，楽器音の聴取練習であるとともに音声言語の聴取を目指した過程として捉えられていたと言える．訓練は大まかに言えば，検出（音のon-offの判断），弁別（音の異同の判断），認知（closed setでの選択からopen setでの再認へ）の順でレベルアップしていくものであった．

やがて教育の場では訓練という捉え方は反省期に入り，子どもの主体性や自発性を尊重する聴覚学習という考え方へと転換してきた（Cole & Gregory, 1986）．また重度の聴覚障害児の場合も補聴器使用がかなり一般化し，長期化するにつれて，音声言語コミュニケーションにおける有効性は少ないと思われる場合でも，音を聞くことによる心理的安心感，生活の中での音情報の利用，音楽を聴く，楽器を演奏する楽しみなどが観察されるようになってきた．このことは現在成人した聴覚障害者へのアンケート調査でも報告されている．「早期より聴

覚を活用した聴覚障害者の実態に関する調査研究」(代表：大沼直紀, 2004) では，補聴器を使用してきた 15〜43 歳の 102 名の聴覚障害者（大半が聴力レベル 90 dB 以上）を対象に，補聴器の有用性について様々な側面から尋ねている．8 割以上が補聴器の有用性を感じており，その理由として多い順に 6 項目にまとめられているが（同上書, pp.64-65），危険回避，精神的な安定が上位を占めていることがわかる．各項目を自由記述の 1, 2 の例とともに示す．

(1) 危機回避 —— 例：補聴器がないと危険を感じるし，落ち着かない．特に職場では重要．
(2) 精神的な安定 —— 例：何も聞こえないのは，かえって不安になる．完全に聞こえない世界にいると，外とのつながりがなくなるような気がする．
(3) コミュニケーション —— 例：読話と手話だけでは読みとれないことが多く，聴覚も加わればはっきりと分かる．話す時，自分の声や相手の声を聞きながら話した方が分かる．
(4) 音を感じたい —— 例：色々な音を感じたい．音楽を聴きたい．
(5) 利便性 —— 例：少しでも物音が聞こえれば，状況判断に役立つ．
(6) 自己実現 —— 例：聴力を少しでも生かした方が，可能性が広がると思う．手話だけに頼ると交流範囲が狭くなる．

このように，長年の聴覚活用によって，聴覚に障害のある人にとって聴覚活用の意義は音声言語コミュニケーションの向上に収斂すべきものでなく，事実上もっと広いものであることが確認されてきたと言える．

補聴器よりさらに音声言語に特化した聴取を目指す人工内耳の場合，会話，単語，音節の聴取能力，あるいは発音明瞭度などによる装用効果の評価が一般的である．日本では人工内耳装用者の補聴域値は現在ほぼ 40 dB に設定されており，手術後のリハビリテーションが良好に進められた場合には，実際，音声言語の聴取と発音面での効果は補聴器より大きい（城間, 2002）．人工内耳を通して聞く音は補聴器とも異なる独特のものと言われるが，幼少期からの人工内耳装用児が，10 年度，20 年後に音声言語聴取に限らずどのような次元で新たな聴能を切りひらくのか，聴覚障害教育やリハビリテーションに関わるものだ

3 聴覚障害児の日本語習得過程に学ぶ

3-1 音韻意識の形成

聴覚障害児が日本語を習得し，その基礎の上に読み書き能力（リテラシー）を獲得するには，子どもの障害と発達の状態に即したきめ細かい教育的対応が必要である．特に聴覚障害児にとって，読み書き能力の獲得は，自己表現や学力獲得の基礎としても，広い知識情報への自由なアクセスのためにも大きな意味をもつため，聴覚障害教育ではその歴史が始まって以来，読み書き能力の獲得を大きな目標としてきた．早期からの教育により聴児にかわらない読み書き能力を獲得する例も増えてきているが，一般的には読み書き能力獲得における困難は大きく，平均的に見れば，読書力検査の成績は小学校4年生あたりから伸び悩み，聴児に比べての遅れがはっきりしてくる（斎藤，1999）．近年，リテラシー獲得の心理的基盤に関する研究が進むにつれ，改めて聴覚障害児のリテラシー獲得について分析的な検討の必要性が認識されるようになってきた．かな文字習得の一条件と考えられる音韻意識の形成に関わる検討もその一つである．

文字習得の心理的基盤の一つとして音韻感受性（phonological awereness）の重要性が指摘されている．日本ではかな文字の習得に関わって，1970年代から天野清（1970）が幼児の単語の音節分解・音節抽出能力に関する実験研究を行い，これらがかな文字習得を支える条件の一つであること，日本の幼児では4歳半くらいになると約8割が5音節くらいまでの単語について音節分解が可能になることなどを明らかにした．また主として語頭音などを手始めに音節抽出も可能になって，小学校低学年にかけての数年間で日本語の音韻意識が次第に整っていくとした．音韻意識とは意味単位である語や文から意味を捨象して，その構成音韻の順序性と各音韻の特質について認識できることをさしている．

音韻レベルでの聴取が困難，あるいはほとんど不可能な聴覚障害児にとって，音韻意識は形成可能なのかという問題意識から，筆者は天野の実験を聴覚障害

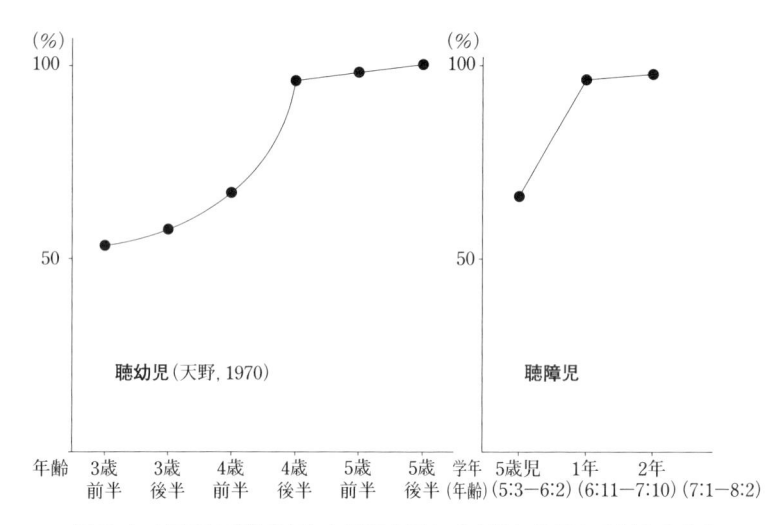

図 8-1 直短音で構成された単語を正しく音節に分解する割合の変化

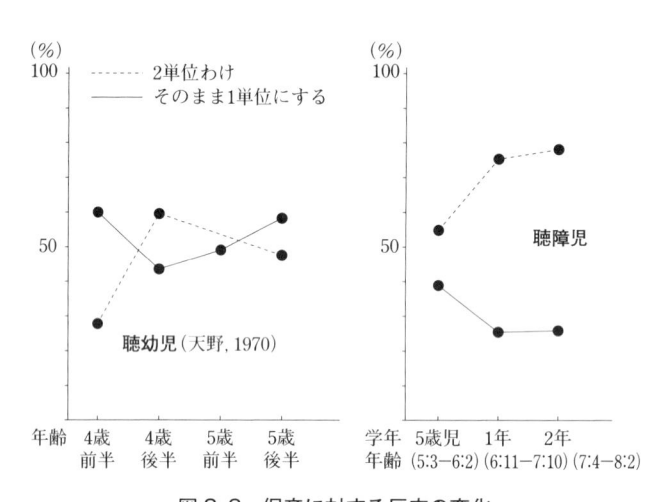

図 8-2 促音に対する反応の変化

児に実施し,聴児の結果との共通点,相違点からこの問題を検討してみた(斎藤,1978;1979).

　図 8-1 は聾学校幼稚部 5 歳児から小学部 2 年生までを対象に天野の単語の音節分解検査を実施した結果である.対象児は聴覚口話法(主に聴覚活用と読話

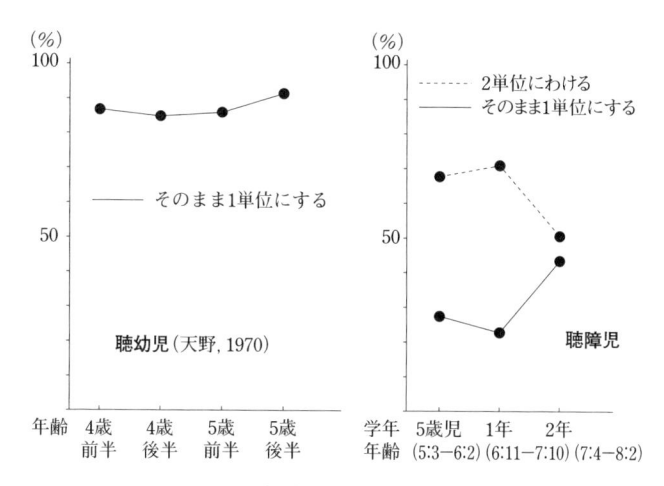

図8-3 拗音に対する反応の変化

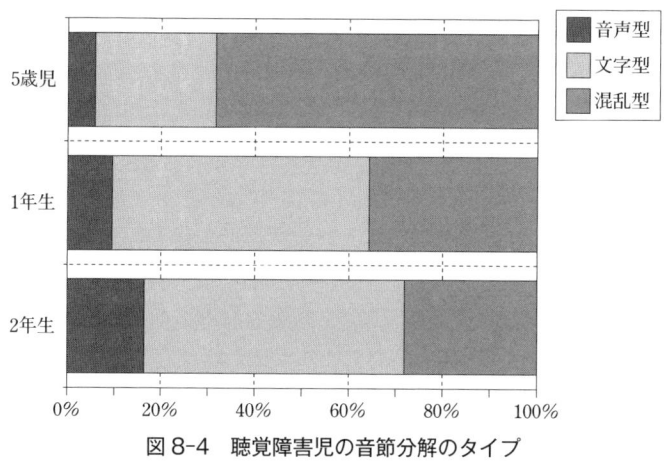

図8-4 聴覚障害児の音節分解のタイプ

を音声言語受信の方法，発話を発信の方法とする）によって幼稚部での日本語習得を図ってきた子どもたちである．天野による聴幼児（3〜5歳児）の結果とともに示す．

図8-1のように，聴幼児の4歳前半から後半かけての急激な変化は聴覚障害児では5歳児から1年生後半にかけて見られ，遅れはあるが同様の発達傾向を辿って音節分解が可能になっていくことが分かる．一方，興味ある結果を示し

たのは，特殊音節（拗音，長音，拗長音，撥音，促音）を含む単語の分解の仕方であった．聴幼児は一般に音節単位の分解から拍単位の分解へと変化するが，聴覚障害児は促音の分解に見るように拍単位の分解傾向がより顕著である（図8-2）他，特に異なっていたのは拗音（図8-3），拗長音の分解である．

　拗音の分解の結果によれば，聴幼児ではほとんど2単位（2音節）に数える「きしゃ（汽車）」を，聴覚障害児の中には文字数に応じて「き・し・ゃ」のように3単位に数えるいわば文字型と，聴幼児と同様「き・しゃ」というふうに2単位に分ける音声型があった．またその他に，検査語によって反応が一定せず原則を見いだせないいわば混乱型があり，図8-4に示したように年齢が低いほどこのタイプが多かった．また文字型にしろ，音声型にしろ，自分なりの原則のある子どもは，文字表記の誤りが比較的少ないのに対し，混乱型の子どもの場合はかな文字習得が遅れたり，表記における音韻混乱が多い傾向が見られた．これらの結果から，聴覚障害児にとっての音韻意識は，わずかな聴覚的手がかりに加えて，文字の形象（文字型）や発話感覚（音声型）を手がかりとして形成されていくのではないか，幼児期からの文字使用や発話習慣により，音韻意識形成が比較的早く成功する例と，かなり長い間困難が続く例があるのではないかと考えられた．文字の形象を手がかりとする認識は一般的には音韻意識の範疇に入らないと言えようが，単語がさらに下位単位に区分しうることを文字という形を通して認識しているという点で，聴覚障害児特有の音韻意識と言えよう．聴覚活用や発話感覚だけによる音韻意識の形成は，実際はかなり困難であるところから，聾学校では幼稚園より早くから文字を使うだけでなく，音声言語に併用して視覚的手がかりを導入することが多い．日本語音節の大半は子音＋母音で構成されているが，その子音部を指のサインで示すキュードスピーチ，かな文字に対応する指文字などの使用である．聴覚口話，キュードスピーチ，指文字などの使用が音節分解行為にどう反映するのか，またそれは意味レベルの言語発達とどのように関連するのか，実証的な検証が必要であろう．

　近年の人工内耳装用児の増加に伴い，人工内耳を装用した聴覚障害児の音韻意識の発達についても検討されるようになってきた．長南（2004）は人工内耳装用児の音節分解行為は，上記実験（斎藤，1978）の補聴器装用児より聴幼児に近い発達を示していることを報告しているが，特殊音節についてみると，結

果は聴児に類似するものと補聴器装用児に類似するもの，また人工内耳装用児独特の傾向を示すものに分かれたと報告している．補聴手段に違いだけでなく，言語発達の状態なども考慮した分析，また実験に使用された言語素材による分析など，今後より精密な実証的分析によって，様々な条件下における聴覚障害児の音韻意識形成の状態が明らかになり，教育への示唆が得られることが期待される．

3-2 日本語による言語概念形成

聴覚障害児の日本語習得のための指導の経験は，子どもの言語発達過程に大きな節目のあることを教えている．聾学校教育に長年携わった萩原浅五郎（1964）は聴覚障害児の学力の伸びが小学校中学年にあたる8，9歳あたりからかなり鈍化する状態を「ろう児の学力水準は，普通児なみスケールで見ると「9歳レベルの峠」で疲労困憊している」と表現した．このことは前述のように読書力検査の結果とも共通している．その後の聴覚障害児教育の進展により個人レベルでは言語力，学力とも解決する事例も増加したが，40年前の萩原の指摘は今もまだ十分な意味を持っている．

「9歳の峠」という表現は，聾教育の範囲を越えて子どもの発達上の節目として知られるようになり，岡本夏木（1985）は，ことばの発達に見られる大きな区分として「一次的ことば」と「二次的ことば」を提示する中で，その移行に関連づけて「9歳の峠」を解釈した．岡本によれば，一次的ことばとは子どもの生活に密着したことばであり，状況に助けられながら親しい人との会話を通して展開される「話しことば」の世界である．一方，二次的ことばとは不特定の人にも理解されるような客観的意味の裏付けを要求する「話しことば」および「書きことば」の世界であり，ことばの文脈による伝達が中心的な役割を果たす．岡本は，二次的ことばは学校教育を通して強制され，それが本格化するのが小学校中学年であるため，「峠」とは「二次的ことばの世界へ参入を求められる子どもたちを待ち受けている苦難にほかならない」と述べている（岡本，1985 pp.149-150）．

聾教育の世界では，使用する言語のレベルの違いを「生活言語」「学習言語」という表現でよびならわしてきたが（斎藤，1983；1986），その内実は岡本の一

次的ことば，二次的ことばとほぼ対応する．教育の視点からは，第一のレベルに第二のレベルの言語がスムーズにつけ加わって，子どもの習得言語が重層化していくことが期待されている．「話しことば」と「書きことば」の二重性だけでなく，状況依存の表現行動か，言語依存の伝達行動かという二重性，言語機能の親密性と公共性の二重性獲得への出発である．

　第二のレベルの言語の特徴であることばの文脈による伝達は，9歳の頃に始まるわけでない．親密な対話活動に基調のおかれる幼児期の言語活動の中に，その萌芽が見られる．子どもの直接経験に関わる対話，身近な人の経験についての会話，映像，絵や絵本などとことばが結びついてイメージが形成される活動が日常的に繰り返される過程で，子どもは状況を離れてことばによって世界を理解する方略を身につけていくのだと考えられる．このことは幼児後期から観察される，ことばの意味を尋ねる行動とも結びついている．「〜て，何？」と子どもが意味を尋ね始めたら，子どもがことばの意味を発見し，ことばでことばを理解する方略を身につけ始めたとみることができる．対象となることばの範囲，概念内容の抽象性について，大人とは大きな違いがあるにせよ，これは言語概念を獲得する基本的方略の獲得であり，メタ言語行動の始まりと言える．ことばの意味の発見とともに，前項で述べた音韻意識もメタ言語行動の主要な要素で，このような活動が可能になってくることが，「9歳の峠」に先立つ「5歳の坂」（斎藤，1986）とも言うべき言語発達のもう一つの節目である．このあと小学校低学年において読み書きの基本的技能が習得されることによって，話しことばの段階で芽生えたメタ言語行動は文字という外在的手がかりによって補強され，学習言語習得の道筋が確立すると考えられる．時間はかかってもその道筋を辿ることができる子どもとそのことが困難な子どもが存在する現実の中で，その差異を生む子どもの条件と教育的対応の条件について実証的に明らかにしていくことが今後の課題である．学習指導要領の改訂などにおいて，「言葉の力」の重要性が改めて注目されている現在，聴覚障害児のゆっくりした歩みが教えてくれた「5歳の坂」（表8-1）は，幼児教育から初等教育への接合という観点からも見直されるべきではないだろうか．

表 8-1 「5歳の坂」の成り立ち（学習言語あるいは二次的ことばの素地となる発達）

＊ことばが心（イメージ）を修正・拡大・精緻化するなど，認知に内容に対し操作性をもつようになる
　　ことばの文脈による理解　→　場面や経験の再構成，近似経験や疑似経験の理解
＊様々なレベルで意識化が進む
　・聞き手を意識したコミュニケーションが可能になる（メタ・コミュニケーション）
　・外から見える行動だけでなく，他者にも自分にも考えの世界のあることが分かる（メタ認知）
　・使用言語の表現形式（音声），表現内容（意味）のそれぞれに気付き始める（メタ言語）
　　　例）ことばの意味が分からないことに気付き，尋ねる
　　　　　ことばの意味の説明が可能になってくる（言い換え，文中での使用，定義）
　　　　　音声言語を構成する音の単位（音節）に気づく（音韻意識の形成）
＊ことばによる情動，行動の自律的コントロールが可能になってくる
　　　例）行動の計画，談話の組立，約束を守るなど

4　病理学的方法の否定からの再出発

4-1　病理学的視点への異議申し立て

　1975年，国連の「障害者の権利宣言」，1981年の国際障害者年に始まる「国連・障害者の10年（完全参加と平等）」，1993年からの「アジア太平洋障害者の10年」などを経て，20世紀最後の四半世紀は，障害を捉える視点を個人の次元からだけでなく，社会の次元から捉え始めた．障害に対する医学モデルと社会モデルの統合への歩みが始まり，1980年のWHOの国際障害分類は，障害を機能障害（impairment），能力障害（disability），社会的不利（handicap）の3層に分け，社会環境が創り出す問題の存在を明示した．さらに2001年の国際機能分類においては，「心身機能・構造と機能障害／活動と活動制限／参加と参加制約」という用語に変わり，障害を生活機能との連続線上に捉えるとともに，環境因子との関係の視点がよりいっそう明確化された．この間，障害のある人自身の主張も様々な形で顕在化してきたが，聴覚障害者の主張は社会的であるとともに文化的視点をもったユニークなものであった．1970年代からのアメリカ手話に対する言語学的研究によって，手話が言語としての体系を備えた独自の言語であるという認識が高まり，特定の言語を使用する文化的集団としての主張が強く打ち出されるようになった．病理学的視点（医学モデ

ル)に対して異議が表明され,手話という言語を使用する言語的マイノリティとして,英語圏では大文字のDを使ってDeaf,日本ではろう者として,積極的な自己規定が行われるようになった.90年代に入り日本でもその影響は急速に増大し,『現代思想』誌に掲載された「ろう者とは,日本手話という,日本語とは異なる言語を話す,言語的少数者である」という「ろう文化宣言」(木村・市田,1996)によって,聾教育の世界を越えて広く社会的インパクトを与えた.手話のなかでも,音声言語と併用的に使われる手話ではなく独自の文法を持つ手話(American Sign Language;ASL)を聴覚障害者の母語と位置づけ,手話による教育を第一義的に要求する主張もなされるようになった.

1980年代からテレビなどを通じて手話の社会的認知度は広がりつつあったが,ろう文化論は,障害の存在を肯定的に捉える新たな視点の出現であった.このころから聴覚障害者の社会参加の要件として,手話や文字(字幕)による情報保障の必要性についても徐々に認識されるようになってきた.また法制度的には2001年に医療職等の国家資格について障害を理由とする欠格条項が改正されて,医師,看護師,薬剤師などへの道も開かれることになり,自立を阻むさまざまの社会的バリアの解消に向けて具体的な歩みが始まったと言える.

4-2 手話に関連する研究の開花

アメリカでは1960年代から,音声言語の言語学的研究に相当する手話の統語論,形態論,手話の音韻論(手話の弁別示標の研究)の構築が始まった.日本でも言語学者による手話の言語学的研究が公刊された(米川,1984).また両親ともろう者である家庭の子ども(聴覚障害の有無を問わず)の手話言語獲得過程の研究(武居・四日市,1998)や,第一言語が手話である場合の第二言語(例えば英語)のリテラシー獲得に関する検討(Paul, 1988)など,聴覚障害児の言語習得に関する研究が範囲を拡げて実施されるようになった.また従来型の認知発達研究を手話を重視して行ったり,認知能力,特に空間認知能力の発達における手話使用の影響を考察する研究も始まっている(中野,2002).

脳の画像診断技術の飛躍的な進歩によって,言語活動時の脳のはたらきを見る可能性が開かれ,手話話者についても適用されるようになった.手話使用時も音声言語使用時と同様に左脳が関わっていること,そのことは手話失語の事

例においても確認されることなど，画像診断を用いた新たな知見も累積されつつあり（酒井，2002；Hickok, Bellugi, & Klima, 2001），脳科学による手話の自然言語としての実証の試みが盛んである．

　心理臨床においては臨床家とクライアントの間のコミュニケーションの疎通性が特に重要と考えられる．通訳を介さないで，手話による，あるいは口話と手話の併用による自由なコミュニケーション手段が確保されることによって，聴覚障害者の心理臨床がやっと可能になり始め，コミュニケーションにまつわる様々な心の問題の存在が知られるようになった（河崎，1999）．この分野での臨床家の養成が今後の大きな課題である．

　大学などでの情報保障の必要性が理解され始め，講義等の手話通訳の質の向上も課題となり，手話通訳の評価や養成に関わる研究も開始されている（白澤・斎藤，2002）．文字による情報保障の基礎となる字幕の読みに関する実験的研究（四日市，2002）も含め，聴覚障害者の社会参加のサポートに関する研究領域も確立しつつあると言える．

4-3 複眼的な視点を求めて

　聴覚障害についての病理学的視点は，ろう者を言語的少数者として自己規定する社会文化的な視点から異議申し立てを受けている．「ろう文化」の主張は，聴覚障害者にとっての手話の存在の大きさや魅力を母語という表現で強く訴えるものであり，障害とともに生きることを肯定的に捉え直すエンパワーメント理念としても位置づけることができる．

　これまでの病理学的視点は，障害のある個人を生理学的，心理学的に理解する様々な知見を蓄積してきたが，障害者自身の声を聞くことを含めて社会文化的視点からの理解は手薄であったと言える．21世紀においては複眼的な視点が求められる．病理学的視点は個人における聴覚とその障害についての実証的理解をさらに豊かにし，また社会文化的な視点は社会的存在としての人間の理解を豊かにするものとして位置づけ，国際障害分類概念に示される障害の構造的理解を深めていくことが必要である．言語活動は個人的であると同時に社会的な活動であることから，日本社会の言語としての日本語と聴覚障害者にとって重要な意味をもつ手話を発達の過程で折り合わせ，日本語も手話も自由に使

える子どもを育てていくことが求められている．このことは，聴覚障害教育にとって常に創意・工夫・努力の求められるテーマであるとともに，障害に関わる複眼的視点形成の観点からも試金石となるテーマであると言えよう．

参考文献

天野　清　1970　語の音韻構造の分析行為の形成とかな文字の読みの学習．教育心理学研究，**18**(2)，12-29.

聴覚障害児・者の聴覚の活用を考える会（代表：大沼直紀）　2004　早期より聴覚を活用した聴覚障害者の実態に関する調査研究．財団法人みずほ福祉助成財団.

Cole, E. & Gregory, H. 1986 Auditory learning. *The Volta Review*, No. 5.（今井秀雄編訳　1990　聴覚学習．コレール社）

長南浩人　2004　音声とキュードスピーチを用いた音韻意識の発達．日本特殊教育学会第42回大会，自主シンポジウム資料.

Furth, H. G.　1966　*Thinking without language: Psychological implications of deafness.* Cillier-Macmillan Canada.（中野善達，訳編　1982　言語なき思考．福村出版．）

萩原浅五郎　1964　今月の言葉．ろう教育，**19**(7)，巻頭言.

Hickok, G., Bellugi, U., & Klima, E. S.　2001　*Sign language in brain.* Scientific American.（武居　渡・正高信男，訳　2001　手話失語から探るメカニズム．日経サイエンス，**31**(9)，18-26.）

加我君孝（編）　2005　新生児聴覚スクリーニング．金原出版.

河﨑佳子　1999　聴こえる親と聴こえない子：成人聴覚障害者の心理臨床から．聴覚障害者の心理臨床．日本評論社.

木村晴美・市田泰弘　1996　ろう文化宣言：言語少数者としてのろう者．現代思想，**24**(5)，8-17.

Myklebust, H. R.　1960　*The psychology of deafness.* Grune & Stratton.

中野善達　1999　補論　聴覚障害の心理研究の歩み．中野善達，聴覚障害の心理．田研出版.

中野聡子　2002　大人の手話　子どもの手話：手話にみる空間認知の発達．明石書店.

日本学校保健会　2004　難聴児童生徒へのきこえの支援.

岡本夏木　1985　ことばと発達．岩波書店.

Oléron, P.　1957　*Recherches sur le développement mental des sourds-muets.* Paris C.N.R.S.

Oléron, P. 1972 *Langage et développement mental*. Bruxelles, Dessart.（中野善達・斎藤佐和，訳 1983 言語と知的発達．福村出版．）

Paul, P. 1988 The development of reading, writing and literate thought. *Literacy and deafness*. Allyn & Bacon.

Piaget, J. 1923 *Le langage et la pensée chez l'enfant*. Neuchâtel, Delachaux.

Piaget, J. 1936 *La naissance de l'intelligence chez l'enfant*. Neuchâtel, Delachaux.

斎藤佐和 1978 聴覚障害児における単語の音節分解および抽出に関する研究．東京教育大学教育学部紀要，**24**，205-213．

斎藤佐和 1979 聴覚障害児における単語の音節分解および抽出に関する研究：その2．心身障害学研究，**3(2)**，17-23．

斎藤佐和 1983 生活言語から学習言語へ．聴覚障害，**38(8)**，27-32．

斎藤佐和（編著）1986 聴覚障害児童の言語活動．聾教育研究会．

斎藤佐和 1999 言語の発達．聴覚障害の心理．田研出版．

酒井邦嘉 2002 言語の脳科学．中央公論新社（中公新書）．

白澤麻弓・斎藤佐和 2002 日本語―手話同時通訳における作業内容の分析．特殊教育学研究，**40(1)**，25-39．

城間将江 2002 人工内耳装用児の（リ）ハビリテーション．コミュニケーション障害の臨床7：聴覚障害．協同医書出版社．

武居 渡・四日市 章 1998 乳児の指さし行動の発達的変化：手話言語環境にある聾児と聴児の事例から．心身障害学研究，**22**，51-61．

四日市 章 2002 聴覚障害児の字幕の読みに関する実験的研究．風間書房．

吉野公喜 1999 知能と知的発達．聴覚障害の心理．田研出版．

米川明彦 1984 手話言語の記述的研究．明治書院．

第9章

自　己
自我漏洩感から

佐々木　淳

1　はじめに

1-1　自我障害とは

ヤスパース（Jaspers, 1948）によれば，正常な人が自己に対してもつ感覚（自己感覚）が何らかの理由で失われることによって，以下のような障害（自我障害）が生じる．正常な自己感覚と，それが失われた際に生じる障害には以下のようなものがある．

①能動性の意識　人間は，日常的に知覚・思考・感情などの精神活動を営んでいるが，その活動が自分によって生み出されたものであって，他人のものではない，という感覚をもっている．しかし，この感覚が何らかの理由で失われると，精神活動が自分によって生み出されたものという感じが薄くなり，離人体験（自分が感じたり行動したりしているのに，そういった感覚が薄れる体験）や，強迫体験（自分の意志に反した行動や観念が生じる体験）が生じる．また，自分がおこなった行動であっても，自分が生み出したという感覚がなくなるため，他者からさせられていると感じるようになる（「させられ体験」）．

②境界性の意識　自己が，外界や他人と対立し，画然と区別されて明確な自他境界があるという感じのことである．これが失われると，自己と他者の区別がうすれてしまい，自我漏洩体験（「つつぬけ体験」）が生じてしまう．

③単一性の意識　自分という人間は今ただ一人しかおらず，統一が取れているという感じのことである．これが失われると，自我が二つあるという二重自我体験や自我の中に他者が入り込んでしまう憑依体験が生じる．

④同一性の意識　自分は過去も現在も連続した同一のものであるという感じのことである．これが失われてしまうと，自己同一性が変化してしまい，自分

が自分であると感じることが難しくなる．

1-2 自我障害とSchneiderの一級症状

統合失調症は様々な症状をもつが，大きく陽性症状と陰性症状にわけることが出来る．陽性症状とは，健常群が普通は持たないとされる異常な心理現象のことであり，幻覚・妄想・自我障害が含まれる．それに対し，陰性症状は，普通の心理機能が減少したり欠落した現象であり，感情の平板化・自閉・両価感情が含まれる．

自我障害は統合失調症と診断する上で重要な症状とされている．Schneider(1959)は，統合失調症の診断に重要な位置を占める症状を8つ挙げ，「一級症状」(Schneider's first-rank symptoms)と呼んだ．例えば，①「自分の考えたことが声になってしまう」と感じる思考化声，②幻聴とやり取りが成立する対話性幻覚，③自分の行動に口出ししてくる幻聴，④誰かから体を操られているように感じてしまう身体への被影響体験，⑤"考えたことを抜き取られてしまう"と感じる思考奪取，⑥"考えたことがつつぬけになって伝わってしまう"と感じる考想伝播，⑦なんでもないことなのに理由も無く意味があるように感じてしまう妄想知覚，⑧誰かが考えを吹き込んでくるとか，誰かに命令され操られていると感じてしまう作為体験である．このうち，妄想知覚以外の7つが自我障害であり，自我障害が診断上決定的な影響を持っていることが分かる．そして，このそれぞれの自我障害が，上記のヤスパースの自己感覚の欠如によって生じると考えることができる．

本章では，自我障害の中でも，境界性の意識の障害である自我漏洩体験に焦点を当てて論を進めたい．

2 自我漏洩体験

2-1 自我漏洩症状の特徴

藤縄(1972)は臨床的観察から，赤面恐怖，自己視線恐怖，自己臭恐怖，独語妄想，寝言妄想，考想伝播のそれぞれに自己から外に「漏れ出てゆく」という共通した特徴が存在することを見出し，自我漏洩症候群(egorrhea symp-

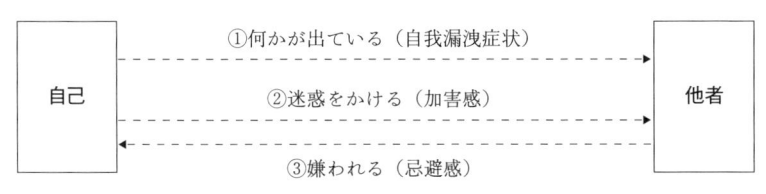

```
┌──────┐   ①何かが出ている（自我漏洩症状）   ┌──────┐
│      │ - - - - - - - - - - - - - - - - →│      │
│  自己 │   ②迷惑をかける（加害感）         │  他者 │
│      │ ← - - - - - - - - - - - - - - - -│      │
│      │   ③嫌われる（忌避感）             │      │
└──────┘ ← - - - - - - - - - - - - - - - -└──────┘
```

図9-1　自我漏洩症状の3要素（笠原（1972）から構成）

toms）と名づけた．上記の6つの症状に醜貌恐怖を入れる考え方もある．

　笠原（1972）は，自我漏洩症状に共通した特徴を以下の3つにまとめている（図9-1）．

①　自分の体のどこからか何かが漏れ出る

　自分から他者に漏れ出て行くものは，赤面，体臭，視線，寝言，独り言，自分の考えなどであり，漏れ出るものの種類によって名づけられているといってよい．例えば，自己臭恐怖では，自分から体臭が漏れ出る，と感じ，自己視線恐怖は，自分から視線が漏れ出る，と感じる．また，寝言妄想では，知らず知らずの間に寝言を言ってしまっている，と感じ，独語妄想では，知らず知らずのうちに要らないことをいってしまう，と感じる．上記以外にも，自分から発せられる"菌"の妄想（関根，1986）などがある．

②　それが傍らにいる他者（達）に不快を与える

　自己から他者に漏れ出て行ったものによって，他者に嫌な感じをあたえてしまい，不快にさせてしまう，と患者は信じている（加害感）．

③　その結果，他者（達）にさげすまれ忌避されると確信する

　他者に嫌な感じを与えた結果として嫌われたり避けられたりする，と患者は信じている（忌避感）．

　笠原（1972）は，対人恐怖症の症状を重篤さの程度によって以下の4つに分類している．①平均者の青春期という発達段階において一時的に見られるもの，②純粋に恐怖症段階にとどまるもの，③関係妄想性をはじめから帯びたもの，④前統合失調症症状[注1]として，ないしは統合失調症の回復期における後症状として見られるもの，の4つである．そして，①，②が神経症レベル，③が「より神経症に近い」境界例，④を「より精神病に近い」境界例とみなしている．このなかで，自己臭恐怖，自己視線恐怖はこのなかで③に分類され，「重

表 9-1　自我漏洩症状の症状変遷の特色

	神経症的症状		統合失調症的症状
漏洩内容	身体に結びついた (漠然とした内容の漏洩)	⇔	具体的な思考・言語の漏洩 (より具体的に)
漏洩範囲	近くにいる人へ	⇔	周囲の人に広く
対処行動	対処できる	⇔	対処できない (強制感の強まり)

萩生田・濱田 (1991) を参考に作成

症対人恐怖症」と名づけられている．このように，関係妄想性をもつ症状は日本の対人恐怖症の重篤な症状と位置付けられている．

2-2　自我漏洩症状の症状変遷

　藤縄 (1972) は，赤面恐怖が自己視線恐怖から自己臭恐怖に至り，独語妄想へと変化し，考想伝播にまで変遷した症例を経験している．この症状変遷と呼ばれる現象は，可逆的なプロセスであり，治療が進むとより重篤度の低い症状が選ばれるようになる．ただ，必ずしも全ての自我漏洩症状を含むわけではない．

　例えば，萩生田・濱田 (1991) は，自己臭恐怖から考想伝播 (視線を合わせると思考内容が漏れる) に到り，考想伝播 (喉から勝手に思考内容が漏れる) に発展した症例と，表情恐怖から自己視線恐怖に到り，考想伝播 (喉から無理に思考内容が漏れる) に発展した2症例を漏洩内容・漏洩範囲・対処行動の3つの視点から報告している (表9-1)．

　自己臭恐怖や表情恐怖によって他者へ漏洩して伝わるものは，"体臭"や"顔の引きつり"である．これは，自分が不潔である，という事実や他者の面前での緊張が他者に伝わったと解釈できる．それに対し，統合失調症の症状である考想伝播は，"自分の考え"とか"都合の悪いこと"など，具体的で言語的なものが伝わる．また，漏洩する範囲は，対人恐怖症的な自我漏洩症状では状況依存性が特徴的であり，他者とのやりとりのなかで自我漏洩症状が感じられるにとどまる．対人恐怖症的な自我漏洩症状は状況依存性が顕著であるため漏洩感を感じている場所から離れることによって対処できる．それに対して，考想伝播は，周囲のあらゆる人が自分の考えていることを知っていると感じ，

対処が困難である．

　自我漏洩症状は，統合失調症・対人恐怖症という2つの精神疾患の両方にみられるため，統合失調症と対人恐怖症の相違点を考察する上で興味深い．これまで，統合失調症と対人恐怖症との相違点として，対人恐怖症患者は他者のまなざしが身体の表層部でとまるが，統合失調症患者は他者のまなざしが全存在を見透かすものであり内界にまで侵入してしまう点（鬼沢・宮本，1982）や，対人恐怖の患者が他者から嫌われるという形で漏洩内容を確認することが出来るのに対し，統合失調症の方は他者のまなざしが全てを見透かす可能性があるため，本人も気付いていないような自己の側面を見透かされている恐れがあり全てを確認できるわけではない点（柴山，1993）などが挙げられている．今後は，両疾患の自我漏洩症状によりフォーカスし，相違点が明らかになることが期待される．

　ただ，自我漏洩症状を主症状とする統合失調症（自我漏洩性分裂病：笠原，1972）は一過的に自己臭，自己視線恐怖などの対人恐怖症症状を来たすことがあるため，経過に注意深く着目しながら診断する必要がある．

2-3　自我漏洩症状の病態心理学

　病理的方法とは，患者の持つ病理の分析から，健常群のもつ正常な心理的機能についての洞察を深める試みである．自我漏洩症状の病態から，以下の点が指摘できる．

自我漏洩症状の本質　西園・井上（1988）は，自己臭恐怖の研究が遅れている原因として，"発症が思春期に始まり，多くの患者が思春期か青年期で，治療者に対して言語表現に乏しいこと"を挙げている．これは自己臭恐怖に限った問題ではなく，他の神経症的な自我漏洩症状にもあてはまるだろう．例えば，自己視線恐怖の患者の訴えは，"自分の目から光線が出ていて人が苦しがっている"などと，非常に抽象的な表現で語られるため，症状の本質が分かりにくかった．しかし，藤縄（1972）や笠原（1972）によって，自我漏洩症状が「自分から他者に漏れる・伝わる」という共通テーマを抱えていることが確認され，理解が深まったと考えられる．例えば小川（1978）は，赤面恐怖の本質として

「己が心中深く隠し持っている無意識的衝動が人前で露呈するのではないかという不安」を挙げている．

　また，加害感や忌避感に見られるように，他者への影響の懸念という側面が強調された点は大きな影響である．例えば，自己視線恐怖においては，"自分の心を'知られる''分かられる'ことは恥であり他者に自身を否定されたり疎外されること"であると患者は述べている（柴山，1993）．確かに，DSM-IVの社会不安障害の中核は否定的評価への恐れであり，自我漏洩症状もその例外でないが，加害感や忌避感など他者への影響の懸念は，患者と他者との複雑な相互作用に迫る症状概念であるといえる．もちろん，こうした懸念のない症例も存在する可能性は否定できないが，その有無がもたらす差異は大きい．

　自我漏洩症状と自我漏洩情報の探索過程　神経症的な自我漏洩症状では，赤面・視線などが見える範囲が漏洩範囲となる．それに対して重症例では，漏洩するものは言語的になっており伝播していく恐れをはらんでいる．どちらにせよ，患者は漏れてしまうこと自体をコントロールできないので，漏れていく媒介となるものの性質によって実際の漏洩の範囲が決まるといえる．しかし，同時に，患者は自分から何かが漏れることに対して恐怖心を抱いているため，どの程度の範囲で漏れていったのか，それを明らかにする情報を探したいという欲求に駆られている．患者は，漏れていったものに対して他者が何かネガティブな反応をすると予想しており，他者のちょっとしたしぐさや行動が見えると，自分から何か漏れていることの証拠であると判断してしまう．

　この情報探索の範囲が患者自身の信じる漏洩範囲を規定している．そして，この欲求が強いほど，情報探索の動機づけが高まり，繰り返し情報を探索することにつながるだろう．更に，情報探索が選択的注意によって行われていることが予想され，結果としてネガティブな情報や曖昧な情報ばかりを収集しているだろう．また，得られた情報の吟味も主観的であり，合理的な判断や反証可能性についての議論はなされないまま，少ない曖昧な情報によって，自分から何かが漏れているという結論を導くことが予想される．繰り返し情報を探索することは，自分から何か漏れていることについての確信を強める．情報探索のプロセスの中で関係妄想が形成されてゆく．これに対し，健常群においては，

情報探索の範囲が適度であり，反証する情報についても集めることができ，情報から総合的に結論を得るプロセスが保たれていると考えられる．つまり，現実性を参照する形で情報探索と結論づけを行い，自己の影響を推測していると考えられる．

3 自我漏洩感への認知行動アプローチ

3-1 自我漏洩感の実証的研究にむけて

自我漏洩症状についてはこれまで思弁的な研究が主流であり，実証研究が遅れている．ここでは，病理群に見られる症状を"自我漏洩症状"とし，健常範囲のものを含める場合は"自我漏洩感"と呼ぶことにしたい．以下では自我漏洩感についての研究を紹介する．筆者は，認知行動理論の視点から，Ellis（1977）のABCモデルに基づいて，健常群の自我漏洩感の認知モデルを検討してきた（図9-2）．健常群に見られる軽度な精神病理的な症状を取り上げて検討するスタイルの研究法はアナログ研究と呼ばれている．例えば，Rachman & de Silva（1978）は，健常群に見られる強迫観念を"侵入思考"として捉え，その後の強迫性障害のアナログ研究の興隆を招いている．

3-2 自我漏洩感の認知モデル

A：引き金となる状況 健常群が自我漏洩感を体験しているとするなら，どのような状況であろうか．佐々木・丹野（2003）は，健常群における自我漏洩感の体験状況を自由記述調査と質問紙調査によって明らかにしている．

まず，大学生87名に15の自我漏洩感の状況例を提示し，それぞれの体験頻度を4件法で回答させた．その結果，体験率が50％以上の体験例は，15個中9個あった．また，体験される感情は，恥ずかしさ（25.8％），不快感（19.2％），焦り（5.6％），悔しさ（4.7％），後悔（3.7％），苛立ち（2.6％）等，ネガティブなものが主であったが，伝わることを嬉しいと感じたり，伝わる現象を面白いと思ったりするものも全体の回答の14.5％あった．恥ずかしさを感じた例が多かったのは興味深い．菅原（1998）は恥ずかしさを喚起させる状況を整理し，他者に隠していることや，人前ではあまり見せない姿が何かの拍子に

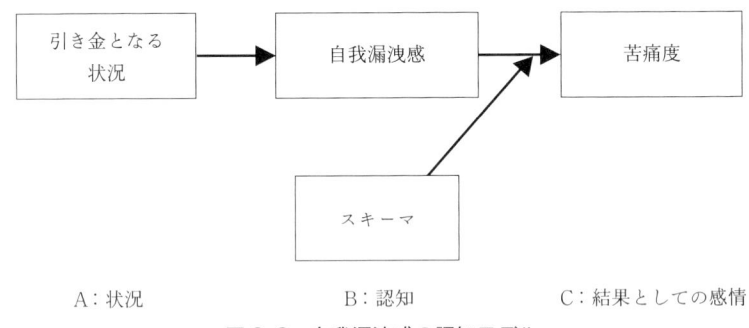

```
┌──────────┐      ┌──────────┐      ┌──────────┐
│引き金となる│─────▶│ 自我漏洩感 │─────▶│  苦痛度  │
│   状況   │      │          │      │          │
└──────────┘      └──────────┘      └──────────┘
                         ▲
                         │
                   ┌──────────┐
                   │  スキーマ │
                   └──────────┘

      A：状況         B：認知        C：結果としての感情
```

図 9-2　自我漏洩感の認知モデル

知られてしまい恥ずかしさを感じる状況を抽出している．自我漏洩感も同様に，何かの拍子に露呈するという本質をもっているという傍証である．

次に，大学生 211 名に対して，自由記述から得られた 53 項目をまとめた 46 項目について，その体験頻度（その体験がどのぐらいの頻度で起こるか）と苦痛度（自分にとってどの程度苦痛か）を 4 件法で回答を求めた．そして，「自分から相手に伝わる内容」がポジティブかネガティブかに応じて項目を 2 つに分けた後に因子分析した．その結果，ポジティブな内容では 4 因子が得られ，ネガティブな内容では 5 因子が抽出された．これらの因子をよくみると次の 3 つの側面から分類することができた．まず，①相手に伝わることによって「予期される結果」がネガティブかポジティブかによって分けることができる．次に，②自分から相手に伝わる"情報の内容"がネガティブかポジティブかによって大別できる．そして最後に，③相手に対して"自分が抱いている感情"がネガティブかポジティブかニュートラルかによって分けることができる．このように考えると，$2 \times 2 \times 3 = 12$ 通りの状況が存在すると考えられる（図 9-3 参照）．

B：自我漏洩感の測定尺度作成　臨床群の自我漏洩感は非常に苦痛な体験として記述されていることを勘案し，自我漏洩感を"何も言わないのに自分の内面的な情報が伝わると感じ，ネガティブな結果が予期される体験"と定義した．佐々木・丹野（2004）は，この定義に基づき，自我漏洩感が発生する 5 つの状況（図 9-3）を下位尺度として定め，信頼性・妥当性の高い 40 項目の自我漏洩

第9章　自　己　　　　　　　　　　　173

```
                          ┌─ −  ──「苦手な相手状況」
                   ┌─ −  ─┼─ 0  ──「赤面・動揺状況」・「不潔状況」
                   │      └─ +  ──「親しい人にお見通し状況」
        ┌─ −  ────┤
        │         │      ┌─ −
        │         └─ +  ─┼─ 0  ──「賞賛される状況」
        │                └─ +
   ─────┤
        │         ┌─ −  ─┬─ 0
        │         │      └─ +
        └─ +  ────┤
                  │      ┌─ −
                  └─ +  ─┼─ 0
                         └─ +

  ①結果の予期  ②情報の内容  ③相手への感情

                              自我漏洩感状況尺度の下位尺度
```

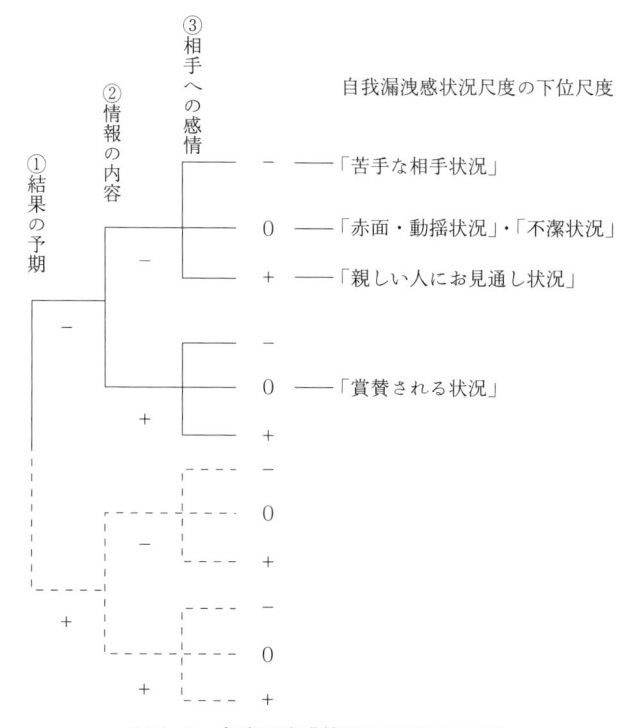

図9-3　自我漏洩感状況尺度の下位尺度

感状況尺度（egorrhea symptoms scale）を開発した．

　下位尺度となった発生状況とは，「苦手な相手状況」「赤面・動揺状況」「不潔状況」「賞賛される状況」「親しい人にお見通し状況」の5つである．"苦手な相手状況"で生じる自我漏洩感とは，嫌いな人やあまり親しくない人と話すと，知らず知らずのうちに苦手意識が自分の目つきや表情に出てしまい，相手にそれがわかってしまったかなと感じるような体験である．「赤面・動揺状況」で生じる自我漏洩感とは，友達にからかわれて顔が赤くなってしまったりすると，動揺していることや平静を装おうとしていることがばれてしまっているように感じるような体験である．"不潔状況"で生じる自我漏洩感とは，体臭が臭いと気づかれることで自分が風呂にも入らない不潔な人間だと思われるのではないかと感じるような体験である．「賞賛される状況」で生じる自我漏洩感とは，他の人の前で先生に課題の出来を誉められていると，他の人が自分の得

意な気持ちを見透かしているかのような気がするような体験である．「親しい人にお見通し状況」で生じる自我漏洩感とは，特に何も言わなくてもどんな行動をしていたのか母親にばれているとき，何でわかるのだろうか，と不思議に思うような体験である．

大学生212名に対して，この尺度を用いて自我漏洩感の体験頻度，苦痛度を5件法で回答を求めた．その結果，4つの下位尺度において，60%を超える人が体験していることが明らかになった．そして，すべての下位尺度において，50%を超える人が苦痛を体験していることも明らかになった．これまで自我漏洩感は臨床群にのみみられる症状であると考えられてきたが，健常群にも似たような体験がみられ，苦痛をもたらしていることが明らかになった．

B：認知構造：どのような認知か　自我漏洩感とはどのような認知なのであろうか．佐々木・丹野（2005a）は，認知行動理論においてこれまで盛んに研究が蓄積されている精神病理との比較から，自我漏洩感がどのように体験されているのかを探っている．自我漏洩感と比較した精神病理は，抑うつ的自動思考と強迫的侵入思考であり，認知行動理論において代表的な認知として，それぞれ異なる形の認知行動モデルが構成されている．したがって，自我漏洩感がどの精神病理に類似しているのか明らかになると，自我漏洩感の説明モデルを形作る上で示唆深い．

抑うつ的自動思考に関しては，Beck（1967）が認知の歪みモデルを提唱している．何らかのライフイベントなどを経験したとき，ネガティブな意味付けをする抑うつスキーマを持っている人は，抑うつ的自動思考が生じ，抑うつ的な気分の落ち込みを経験する．抑うつの自動思考自体が苦痛な体験である．一方，強迫的侵入思考に関しては，強迫的スキーマによって侵入思考がネガティブな意味付けをされることによって自動思考が生じ苦痛が導かれる．自動思考と侵入思考との違いは，強迫的侵入思考がそれ自体それほど苦痛ではないという点である．Salkovskis（1985）は，侵入思考と自動思考とを比較することで，双方を区別したモデルを提案し，説明不能だった強迫性障害を説明している．

佐々木・丹野（2005a）は，Clark & de Silva（1985）などから，多次元的な精神病理の比較によく使用される計10個の次元（体験頻度，心的占有度，抵抗，侵入性，確信度，苦痛度，内的帰属，外的帰属，責任，自己違和感）を選んだ．

そして，これらの次元において，自我漏洩感が侵入思考・自動思考とどのように異なっているのかを比較した．使用した侵入思考は，典型的とされる「失敗」の侵入思考であった．自動思考は，「私は価値がない人間だ」など，抑うつ症状を引き起こす認知の記述を使用した．侵入思考との比較は大学生 54 人を，自動思考との比較は大学生 44 人を対象とした質問紙調査を行った．その結果，自我漏洩感と侵入思考は，心的占有度の低さ，苦痛度の低さの点で類似していることが明らかになった．自我漏洩感と侵入思考は，自動思考と比較して，まだ他のことを考える余裕があり，それほど苦痛と感じられていないようである．それに対し，自我漏洩感と自動思考は，抵抗の高さ，確信度の高さ，違和感の高さの点において類似していることが明らかになった．すなわち，自我漏洩感と自動思考は，侵入思考と比較して，変なことを考えているような感じがあるが強く確信しており，考えまいと努力しているようである．ここでは，自我漏洩感と侵入思考との共通点として，苦痛度の低さに注目してみたい．上述のように，侵入思考はそれ自体苦痛ではなく，それを苦痛に導くスキーマが介在している．自我漏洩感も同様に何らかの心理的要因が介在していることが予想される．

B・C：苦痛を導くスキーマ　それでは，どのようなスキーマによって自我漏洩感が苦痛になってしまうのであろうか．佐々木・丹野（2005b）は，事例研究などからスキーマと考えられる心理的要因を抽出し，大学生 180 名に対する質問紙調査から重回帰分析で検討している．この調査では，「赤面・動揺状況」で生じる自我漏洩感，「苦手な相手状況」で生じる自我漏洩感（佐々木・丹野, 2004）の苦痛度を従属変数とし，自我漏洩感を苦痛にすると考えられる心理的要因を独立変数として重回帰分析を行った．独立変数は，賞賛獲得欲求と拒否回避欲求（小島ら，2003），加害意識（Sasaki & Tanno, 2006），秘密主義（Larson & Chastain（1990）から構成），猜疑心（丹野ら（1997）から構成）であった．

その結果，「赤面・動揺状況」の自我漏洩感の苦痛と関連する心理的要因は，加害意識と拒否回避傾向と猜疑心であった．他者に自分の内面的な情報が伝わったと感じたとき，自分に他者を不快にするようなところがあると思っている人ほど，「相手に不快感を与えたのではないか」と考え，苦痛になると推測で

きる．また，嫌われたくないと思っている人ほど，「嫌われてしまったらどうしよう」と考え，苦痛になると推測できる．他者が自分の秘密を探るような目で見ていると思っている人ほど，「相手が面白がっているのではないか」などと考え，苦痛を感じると推測できる．

一方，「苦手な相手状況」の自我漏洩感の苦痛と関連する心理的要因は，加害意識と拒否回避傾向と秘密主義であった．他者に自分の内面的な情報が伝わったと感じると，自分に他者を不快にするようなところがあると感じている人は，「相手に不快感を与えたのではないか」と考え，苦痛になると推測できる．また，嫌われたくないと思っている人ほど，「嫌われてしまったらどうしよう」と考え，苦痛になると推測できる．また，他者には内面的な情報を秘密にしておきたいと思っている人ほど，「秘密にしておきたかったのに，嫌なことになった」などと考え，苦痛になる，と推測できる．

以上のように，「赤面・動揺状況」，「苦手な相手状況」のどちらの自我漏洩感も加害意識と拒否回避傾向が関与しており，これらが苦痛と強く関連するスキーマではないかと推測される．また，自我漏洩感を苦痛に感じる人は，他者に不快感を与える，と感じてしまうような要因の心当たりをなにか持っていると考えられる．

臨床的示唆　以上のような知見から，心理療法の手順や内容について次のような示唆が得られる．

1. 自我漏洩症状をもつ人は，「こんなことを考える自分はどこかおかしい」と考える傾向にあるため，介入の第一段階においてノーマライジングを行う．
2. 自我漏洩症状に没入してしまう対処行動と自我漏洩症状から距離をとることのできる対処行動について心理教育する（佐々木，2005）．
3. 苦痛を生じさせてしまうような自我漏洩症状の捉え方を扱い，修正する．

今後は，具体的な手続を明らかにした上でこれらの方法の効果を確認したい．

3-3　健常群の自我漏洩感から見えるもの

健常群と臨床群の自我漏洩感の相違　一連の研究によって，健常群においても自我漏洩感があることが明らかになった．自我漏洩感の有無という点では健常

群と臨床群を区別することはできず，それとは別の次元に相違があらわれていると考えられる．例えば，臨床群では，「漏洩」という言葉から感じ取られるように，他者になにかが伝わることに対する抵抗感が非常に高く，同時にコントロール不能感が高いことがうかがえる．両者の違いについては，抵抗感・コントロール不能感をはじめとしたいくつかの次元で比較することによって実証的に確認すべきである．

また，状況分析の過程において，自分から他者に伝わることによって予期される結果がポジティブなものがあることが確認された．自己から他者に伝わる体験にポジティブな予期をさせるものがあることは興味深い．なぜなら，臨床群の自我漏洩体験は自我障害や自他境界の損傷など，非常に重篤なイメージで捉えられることが多いのに対し，健常群においては，必要な範囲で自己の内面的な情報が相手に伝わることが，対人的なコミュニケーションの重要な要素となっていると考えられるからである．もっとも，臨床群においてこうした体験がないとは断言できない．臨床群にないのであれば，ノンバーバルコミュニケーションの情報処理の阻害が想定できるし，もしあるのなら，結果の予期の仕方に問題が潜んでいると考えることができる．

自我漏洩感の適応的側面　人間には集団に所属しようとする生得的な欲求があり（Baumaister & Leary, 1995），われわれは社会に属することによって，生きていくための協力や資源を得ている．ネガティブな結果の予期は，ふだんわれわれが社会的脅威を回避するための機能が作動していることを示している．例えば，ちょっとした思考や感情が相手に伝わってしまい他者を不快にさせてしまうなら，社会生活を行ううえで不利に働く．そのため，人間は，自己の意図や考えが必要以上に「漏れて」いないか，そして，それによって他者が影響されていないかを常にモニタリングしていると考えられる．さらに，不適当な点があったと認知したときには，それを修正するために躍起になるだろう．

ネガティブな結果の予期をすること自体が問題なのではなく，そのネガティブさを過剰に見積もったり，過度に不安になったりする点が問題を引き起こしていると考えられる．

4 今後の展望

これまでの自我漏洩感研究は，症候学・診断学的な研究や精神療法の事例研究が主流であり，それなりの知識の蓄積があった．今後は，そこから認知・行動のコンポーネントをより明確にし，認知モデルに加えてゆくことが必要である．その際認知モデルの中での位置づけを明確にした上で，それぞれのコンポーネントの働きを実証的に検討してゆくことが必要だろう．その上で少し視野を広げ，そのコンポーネントが自我漏洩感のみにみられるものか，広くメンタルヘルスに関わる要因なのかを検討する必要がある．症状別アプローチによって，自我漏洩感の説明モデルを記述していくことで，自我漏洩感の理解が進むと考えられる．

また，健常群の自我漏洩感を調べることにも意義があると考える．もちろん研究が蓄積されたところで，臨床群との比較を行うべきであるが，健常群における特徴を記述していくこと，つまり「ベースライン」を追求していくことで，臨床的に重要でない特徴にフォーカスしすぎるのを防ぐことができるし，生活の中での「症状」の適応的機能が理解できるという利点もある．

自我漏洩感の実証研究はまだ緒についたばかりである．日本の症状概念を欧米で生まれたアプローチで捉えなおすことは，古くて新しい研究課題といえるのではないだろうか．

（注1）用語の変更に従って，引用内の用語も変更している．

引用文献

Baumeister, R. F., & Leary, M. R. 1995 The need to belong: Desire for interpersonal attachments as a fundamental human motivation. *Psychological Bulletin,* **117**, 497-529.

Beck, A. T. 1967 *Depression: Clinical, experimental and theoretical aspects.* Hoeber.

Clark, D. A. & de Silva, P. 1985 The nature of depressive and anxious, intrusive thoughts: Distinct or uniform phenomena? *Behaviour Research and Therapy,* **23**,

383-393.

Ellis, A. 1977 The basic clinical theory of rational-emotive therapy. In Ellis, A. & Grieger, R. (eds.), *Handbook of rational-emotive therapy*. Springer.

藤縄 昭 1972 自我漏洩症状群について．土居健郎（編），分裂病の精神病理．東京大学出版会．

萩生田晃代・濱田秀伯 1991 自我漏洩症状の症状変遷について．精神医学，**33**，283-289.

Jaspers, K. 1948 *Allegemeine Psychopathologie*, 5. Auflage.（内村祐之他訳，1953 精神病理学総論．岩波書店．）

笠原 嘉 1972 正視恐怖・体臭恐怖：主として精神分裂病との境界例について．医学書院．

小島弥生・太田恵子・菅原健介 2003 賞賛獲得欲求と拒否回避欲求尺度作成の試み．性格心理学研究，**11**，86-98.

Larson, D. G. & Chastain R. L. 1990 Self-concealment: Conceptualization, measurement, and health implications. *Journal of Social and Clinical Psychology*, **9**, 439-455.

西園昌久・井上隆則 1988 自己臭恐怖．臨床精神医学（特集・恐怖症：その病理と治療），**17**，197-202.

小川捷之 1978 対人恐怖．現代のエスプリ，**127**，5-20.

鬼沢千秋・宮本忠雄 1982 分裂病と対人恐怖．臨床精神医学（特集・対人恐怖），**11**，821-827.

Rachman. S. J. & de Silva, P. 1978 Abnormal and normal obsessions. *Behavior Research and Therapy*, **16**, 233-248.

Salkovskis, P. 1985 Obsessive-compulsive problems: A cognitive-behavioral analysis. *Behavior Research and Therapy*, **23**, 571-583.

佐々木 淳 2005 大学生における自我漏洩感の心理学的研究．平成16年度東京大学大学院総合文化研究科博士論文．

佐々木 淳・丹野義彦 2003 自我漏洩感を体験する状況の構造．性格心理学研究，**11**(2)，99-109.

佐々木 淳・丹野義彦 2004 自我漏洩感状況に対応した測定尺度の作成．精神科診断学，**15**(1)，25-36.

佐々木 淳・丹野義彦 2005a 自我漏洩感の体験様式：強迫的侵入思考・抑うつ的自動思考との比較から．パーソナリティ研究，**13**(2)，275-277.

佐々木 淳・丹野義彦 2005b 大学生における自我漏洩感を苦痛にする要因．心理

学研究, **76**(4), 397-402.

Sasaki, J. & Tanno, Y. 2006 Two cognitions observed in Taijin-kyofusho and social anxiety symptoms. *Psychological Reports*, **98**, 395-406.

関根義夫 1986 「自分が『菌』を播いて他人に咳をさせてしまう」と訴える1例：自我漏洩体験の成立に関する一考察. 精神医学, **28**, 259-265.

Schneider, K. 1959 *Clinical psychopathology*. Grune & Stratton.

柴山雅俊 1993 自己視線恐怖の共同性と身体性について：隠蔽性と露呈性を中心に. 臨床精神医学, **22**, 1531-1537.

菅原健介 1998 人はなぜ恥ずかしがるのか：羞恥と自己イメージの社会心理学. サイエンス社.

丹野義彦・石垣琢麿・山本真規子・杉浦義典・毛利伊吹 1997 妄想の素因や妄想的人格障害のアセスメント. *C. B. S. Research Report*, **#97-J5**.

第10章

言　語
言語障害児の療育から

鹿取廣人

1　「もの信号系」と「生体信号系」

2つの信号系　ヒトは（他の動物も含めてだが），周囲の物理的環境や社会的環境からのさまざまな刺激情報に応答する．それらの環境に対して積極的に働きかけて「対もの関係」および「対ひと関係」の中で生命活動を維持し展開していく．

すなわちヒトは，地理的，空間的な情報を利用して安息の場所を求めたり，危険を避けたりする．また対象物の物理・化学的刺激の特徴から好ましいもの，いやなものの間の弁別・選択をおこなっている．このような「対もの関係」の過程は，われわれの知覚・認知機能によって支えられている．

一方，社会的動物としての人間は，家庭，学校，職場などさまざまな社会集団の中で仲間との情報のやりとりを通して，社会関係を結び，社会的場面での意思決定をおこなっている．このような「対ひと関係」の過程は，われわれの言語，その他の手段によるコミュニケーション行動によって支えられている．

この場合，こうした「対もの関係」における物理的・化学的刺激に対応する知覚・認知の働きとしての「もの信号系」の活動と，「対ひと関係」における社会的な情報に対応するコミュニケーションの行動，とくに言語行動としての「生体信号系」の活動とを区別することができる．一般に成人では，対人認知の働きをべつにして，このような2つの活動は比較的独立して働いている．

2つの信号系の乖離　とくに成人の脳損傷では，知覚・認知の障害と言語行動の障害とが乖離していることがはっきりする．

脳損傷による認知障害の中の一つに，非言語性聴覚失認（環境音失認）という障害がある．この患者は，主として右半球の側頭葉の損傷によるとされてい

るが，音そのものの聞き取りはほぼ正常で，2つの音の相違，音の大きさの違いなどは分かる．純音の閾値も健常者とほとんど変わりがない．視覚や触覚など他の感覚を通しての認知機能や記憶の働きも正常である．この患者は，語の意味は理解できるが，車の音，イヌの吠え声など，環境からの音を聞いてもそれが何の音だか分からない．このように聴覚情報の認知的処理能力に障害が生じるが，ことばの読み，書き，聴く，話すなどの言語能力はほぼ健常に保たれ，言語処理能力だけが選択的に障害されている失語とは異なっている（山鳥，1985）．

なお，聴覚失認の一つとして言語性聴覚失認（純粋語聾）とよばれている脳損傷がある．この場合，ことばを人の声としては聞き取れるが，その意味の理解ができず，話し声があたかも外国語のように聞こえるとか，意味のない連続したノイズのように聞こえるとかと訴える．ただし言語処理そのものの働きには著しい障害がない．筆者らの純粋語聾の症例KT（仮名）では，ことばの聞き取りに困難があり，音節系列の聞き取りにも多くの誤りが生じるが，読み，書き，話すといった基本的な言語能力自体はほとんど損なわれていない（Nakakoshi et al., 2001）．

視覚失認のような視覚的情報の認知障害の場合も，触覚失認のような触覚的情報の認知障害の場合も，同様に基本的な言語能力は一般に正常に保たれている．「もの信号系」の活動としての認知の働きと，「生体信号系」の活動としての言語の働きとは独立しているといってよい．いいかえれば，それら2つの活動は異なったモジュールによって支えられていると考えられる．

信号系の相互作用　しかし，それらの働きの発生の過程では，この2つの信号系の活動は密接に関連し，相互に支え合っている．とくに障害をもつ子どもの療育の過程では，両方の信号系を通しての働きかけが必要である．

言語発達遅滞児の子どもたちの中には，音声言語の受信・発信がほとんど欠けているばかりか，身ぶりサインによる受信・発信も不十分な子どもたちがいる．なお言語発達遅滞とは，発達途上の子どもが，予期された時期に予期された手段を用いて予期された正確さで言語行動に受・発信が発現しえない状態をいう（小寺，1998）（表10-3参照）．

一般に，このような子どもたちに"ことば"を直接教えようとしても，はじ

めは受けつけてくれない．この場合まず，機能的な概念行動（たとえば，多少色・形・大きさなどの属性の異なった帽子と，おなじく色・形・大きさなどの属性の異なった靴とを，それぞれのカテゴリに分類する）が形成されていることが条件となる．さらにこのような概念行動が形成されるには，子どもが「対ひと関係」と「対もの関係」とのかかわりの中で，周囲の人びとや事物との間で積極的なやりとりがおこなわれていることが必要である．こうした過程を経て，より初歩的な概念行動（たとえば，色・形・大きさの異なる帽子をかぶり，色・形・大きさの異なる靴を履くなど）の基礎が出来上がってくる．

　例を挙げてみよう．7歳になる一人の遅滞児は，音声言語の受・発信の行動はほとんど欠如，一方，身ぶりサインは貧弱ではあるが，いくつかのサインを使うことが可能になりつつあった．そこで，身近な事物（たとえば種々の色・形・大きさなどの異なった帽子と靴など）を分類する場合，事物の提示に際して身ぶりサインをおこなわせると，やがてそれを自発するようになり，20試行ほどで分類課題が可能となってくる．

　一方，他の4歳になる遅滞児は，身ぶりサインもほとんど欠いていた．このような手続きをおこなっても，身ぶりの動作を機械的に模倣するだけで学習効果は見られない．この子の場合，具体的なコミュニケーション場面を設定して，身ぶりを通して子どもと相手（訓練者）とのやりとりをおこない，身ぶりの動作を「生体信号」として信号化する操作が必要だった．すなわち，子どもの目の前に，たとえば帽子と靴を並べておき，2mほど離れた所から発信者（訓練者）が身ぶりサイン（靴）を子どもに示す．子どもにそれに応じて身ぶりをおこなわせてから，適切な事物（靴）を選択して発信者に手渡しさせるのである（図10-1）．初めは介助者による助けが必要だったが，やがて身ぶりを自発してこの課題をあやまりなくおこなえるようになる．さらに身ぶりサインを手がかりとして他の身近な事物の分類課題も可能となる（鹿取，2003）．なお，この4歳児も，初歩的な概念行動は，少なくともすでに備えている（たとえば，色・形・大きさなどの異なった他人，大人の靴を履いてよろこぶなど）．

　この過程を経て，事物に対する「ことば」のラベリング学習，名称の学習へと進むことができるのである．

図10-1 身ぶりサインの学習状況
向かい側にいる発信者が発信する「クツ」の身ぶりに応じて，子どもが前にある靴と帽子の中から靴を選択して，発信者のところにもっていく．

2 コミュニケーション行動

非言語的コミュニケーション いままで，「生体信号系」といった耳慣れない用語を用いて話を進めてきた．それは，われわれ人間の意思伝達には，言語以外の種々な非言語的な信号も重要な役割を演じていること，とくに言語行動形成の初期には，この非言語的ないし前言語的な種々の信号がコミュニケーション行動の主要な手段となっているといった意味を，含ませようとしたためである．

ヒト以外の動物も，それぞれ固有の信号を利用してコミュニケーションをおこなっている．その発信の行動には，フェロモンのような化学的物質の分泌，体色の変化，身体運動などさまざまな手段が用いている．

こうしたさまざまな発信に対して，受信には，化学信号に対する嗅覚，音声信号に対する聴覚，身体運動や表情などに対する視覚，身体的接触における触覚など，多数の感覚チャネルが利用されている．こうした「生体信号系」に対する感覚チャネルには，それぞれの特性がある（表10-1）．

ヒトの非（前）言語的コミュニケーション行動 ヒトのコミュニケーション行動には，「生体信号系」としてこれらの感覚チャネルの信号すべてが用いられて

表10-1　信号のチャネルとその特性

	信号のチャネル			
	化学的	聴覚的	視覚的	触覚的
伝達距離	長い	長い	中程度	至近
伝達速度	遅い	速い	速い	速い
夜間の利用	適	適	不適	適
発信者の定位	困難	容易	容易	容易
発信者の信号産出エネルギーコスト	小	大	小—中	小

(Alcock, 1989)

なお聴覚チャネルによるコミュニケーションでは，視覚的コミュニケーションに比べて，(1)受信者が発信源へ感覚器官を方向づけている必要がないこと，(2)途中の遮蔽物により妨害をそれほど受けないこと，などの利点がある．

いる．聴覚的信号としての音声言語は，この表に示されている特性をもつと同時に，視覚的信号に比べて受信に際して受信者がその感覚器官を発信者に方向づけている必要がかならずしもない．また発信者と受信者の間に障壁があってもある程度受信が可能である．

とはいえ，表情変化，視線の動き，顔色の変化などの視覚信号や，化学的刺激，触運動的刺激なども，時には言語以上に，「対ひと関係」における意思伝達に重要な働きをもっている．前にも述べたように，それらは前言語的なコミュニケーション行動として発達初期には重要な役割を果たす．

新生児に母親の胸パッドと他の女性の胸パッドとを左右に提示すると，新生児は母親の胸パッドの方に多くの時間向いているという．母乳で育った2週児は，母親の脇の下におかれたパッドの方を，未知の授乳中の女性，授乳していない女性，それに父親のそれぞれの脇の下におかれたパッドよりも多く選択して反応する．人工授乳で育った乳児には，母親への偏好はみられない．したがって母親の匂いへの選択行動は，一種の学習（刷り込み）によると考えられる．このように乳児は，生育の初期から「生体信号系」としての特定の匂いに対してより好んで応答する（図10-2; Porter, et al., 1992; Porter & Schaal, 1995）．このような行動傾向は，初期の母子関係の維持・展開を支えているに違いない．

触運動的刺激も母子関係の維持に役割を果たしている．そうした触運動的刺激はまた発達遅滞児の療育にとっても重要である．視覚や聴覚のような刺激発

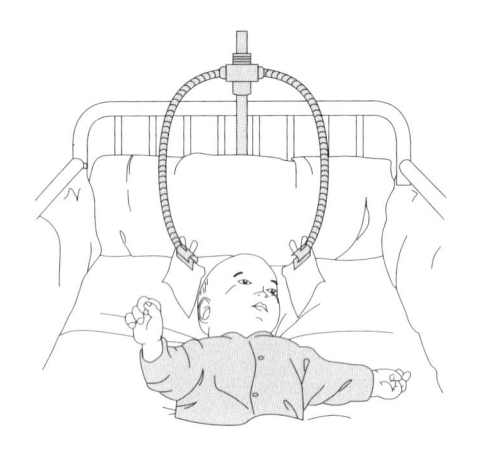

図 10-2　匂いのついたパッドに対する乳児
　　　　の反応をテストする装置
　　　　　(Porter & Schaal, 1995)

生源から離れた「遠受容器」に比べて，触覚のように「近（接触）受容器」を通してのコミュニケーション行動は，発信者と受信者との間に情動的共感を喚起しやすく，その点で発達初期や障害児の療育には大きな意味をもつ．

生体信号系の種類　コミュニケーション行動に用いられる「生体信号系」は，便宜上いくつかの種類，ないしはレベルに分けることができる．

　昆虫やサカナ，トリなどの動物に見られるコミュニケーション行動の信号は，その数も少なく，またそれが使用される状況も固定している．そこでさし当たっては，それらの信号の受・発信の行動様式は，生得的に組み込まれている，と考えてよい．その意味で，これらを反射的・本能的な「生体信号系」とよぶことができる（ただしいくつかの研究によれば，これらの動物の用いるコミュニケーション手段も，経験による変容を受けている）．

　ヒトも，このような様式の「生体信号系」が生得的に組み込まれており，喜び，悲しみ，怒り，恐怖などの情動的表出がそれに相当するだろう（図 10-3）．そしてわれわれは，そうした相手の情動的表出に直面すると，往々にして，同様な情動状態に引き込まれる．

　さらにヒトを含めて多くの動物は，古典的条件づけやオペラント条件づけの手続きと類似した状況で新たに信号を獲得して，コミュニケーション行動に利

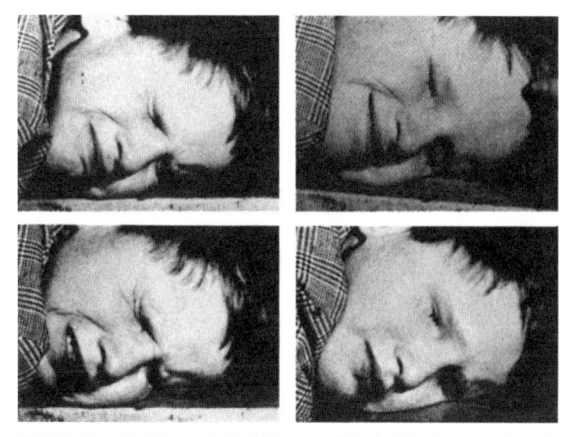

図10-3 生まれつき耳も聞こえず目も見えない9歳の少女のさまざまな顔の表情表現
右上は，ほほ笑んでいるところ，右下から，泣きだしそうなところから泣くまで（Eibl-Eibesfeldt, 1973）．

用している．乳児は，母親の笑顔を見て抱き上げられることを期待するかも知れない．これが幾度か経験されれば，母親の笑顔が「抱き上げ」の予報的信号となるだろう．また乳児は，抱っこをせがむのに，声を出す，両手を差し出すなどいろいろの行動を試み，母親が乳児の「両手の差し出し」といった行動に対して抱っこをするようになれば，それが抱っこをしてもらうための約束的信号となるだろう．

このような条件性の「生体信号系」は，生得的に組み込まれ，状況に規定され固定化された信号とは違って，変化する状況に対応したコミュニケーション行動を新たにつくりあげることができる．また，こうした条件性の「生体信号系」は，生育初期，さらに発達遅滞児の療育場面で大きな役割を果たす．

さらに，梅津（1997）が構成信号系とよんでいるいくつかの「生体信号系」を挙げることができる．身ぶりサイン，図像記号，さらに言語記号などがこれに含まれる．それらは，コミュニケーション行動に際して発信者によって意図的に構成される信号系であり，一般に記号とよばれ，サインのサインである（Morris, 1946）．この場合，身ぶりサインは，指示対象と類似性ないし有縁性をもつが，言語記号は，指示対象と有縁性をもたず，恣意的である．一方図像記

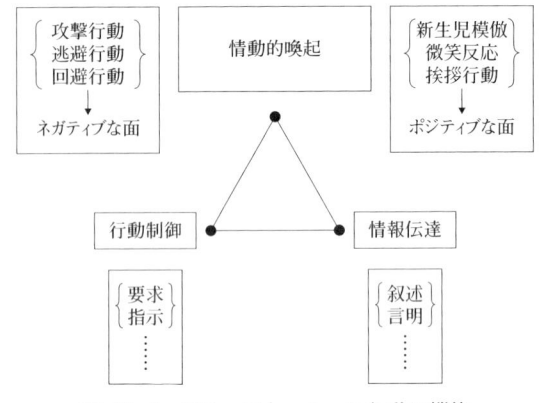

図 10-4 コミュニケーション行動の機能

号には，有縁的な記号と恣意的な記号の両者を含んでいる．発達遅滞児の初期の言語訓練では，指示対象に対してより有縁性をもつ身ぶりサインが大きな役割を果たす．

情動的共感　コミュニケーション行動の発信の重要な働きの一つは，①相手にいろいろな情報を伝達することである．さらにまた，②指示，命令などによって相手を制御するために用いられる．さらに③相手の情動を喚起させる機能がある．この場合，相手と情動的な共感を得て心理的な場をお互いに共有する，といったポジティブな側面と，相手に回避・逃避の行動を呼び起こすようなネガティブな側面とがある（図10-4）．子どもの発達や障害児の療育の場面では，とくにこの情動的共感といった側面に注目することが重要である．母子関係の展開・維持や障害児の学習場面の設定・推進には，子どもと養育者との心理的場の共有が不可欠だからである．

新生児は，向き合った相手が舌を差し出す，唇を突き出す，指をニギニギする，といった動作をおこなうと，それを模倣する（Meltzoff & Moore, 1977）．このような新生児模倣は，相手に情動的喚起を促し，母子関係のコミュニケーションを促進することになる．この反応のメカニズムは明らかではないが，ヒトにあらかじめ組み込まれている「生体信号系」の機能の一つといってよいだろう．

Condonら（1974）によると，新生児はまた，大人が話しかけることばのリ

ズムに合わせて同期して身体を動かす．この場合，母音の音系列やタッピングの音系列には反応しないが，録音した話しことばに対しても，また新生児にとってはじめて聞く外国語（たとえば英語が母国語の両親の子どもにとっての中国語）に対しても同期して反応するという．こうした同期現象は，音声言語がもつ特有のリズムに反応する「生体信号系」の生得的な働きと思われる．

　これもまた，母子のコミュニケーション関係を展開・維持していく役割をもつといってよい．われわれ大人も日常会話の状況で，相手の話しかけに応じて，こうした微細な身体運動を同期させている．まったく無反応な場合は，発信者は発言の動機づけをなくしてしまい，会話はとぎれてコミュニケーション関係は進展しない．心理的な障害をもつ人では，このような同期的な運動が欠けている場合があるといわれている．

3　言語行動の発生過程

　言語記号の特徴　音声言語は音声信号としての多くの利点・特徴をもっている一方，言語自体，言語特有の構造的な特徴をもち，それが他の動物が利用している「生体信号系」と大きな相違をもたらしている．

　ヒトの言語は，①他の動物の「生体信号系」に比べて単位信号（語）の数がはるかに多い．したがって，言語を用いたコミュニケーションでは，多様な事物，多彩な事象に応じて適切なメッセージ，情報の伝達が可能である．ただし，この単位信号の数が膨大といっても，その数は無限ではない．②単位信号としての語とそれが指示する事物・事象との関係が恣意的である．そのため語と指示対象が分化して，より一般的，抽象的な記述が可能となっている．また③有限個の単位を一定のルールによって組み合わせることによって，無限の新しいメッセージをつくり出すことができる．言語は，このようにして単位信号を一定限度に抑えて情報処理の負担を軽減している．④言語は，多重の文節をもった構造を備えている。すなわち音素，形態素，それが組み合わされて句・文となって，情報の伝達をおこなっている．この多重構造によって，要素の一部を変更するだけで新しい言語記号をつくることができる．

　こうした特徴は，音声言語ばかりでなく，書きことば，点字，指文字，手話

表10-2 音声言語行動の発達経過

行動変化	開始年齢*
泣く（啼泣）	誕　生
クークーのどを鳴らす	6　週
片言（喃語）をいう	6カ月
イントネーション・パターン	8カ月
1語発話	1　歳
2語発話	18カ月
語形変化	2　歳
疑問，否定	2¼歳
めずらしい，あるいは複雑な構文	5　歳
完成した言語	10　歳

＊発達には著しい個体差がある．年齢はおおよその目やすに過ぎない．

言語などに受け継がれ，ヒトの多様なコミュニケーション行動を支えているのである．

言語行動の発達　子どもの音声言語の形成過程は，多少の個体差はあるが，どの言語でもほぼ同じような経過を辿っていく（表10-2）．生後しばらくはまだ整った音声はみられない．やがてクーイングとよばれる柔らかな発声をおこなうようになる．数ヵ月後になると，発声の高さや長さを変化させ，舌・口唇などの構音器官を動かして，いくつかの母音を発声してそれを繰り返し聞くといった喃語が始まる．

喃語は，はじめ少数の1音節を発声するだけだが，6ヵ月から8ヵ月頃になると，［mammammam］といったような複雑な子音を交えた多音節の音を反復するようになる．耳の聞こえない聾児も，同じような特定の時期になると喃語の発声をおこなうようになるが，やがて消失する．

この喃語期には，日本人の子どもでも通常日本語の音韻体系の中にないようなさまざまな発声をおこなうとされている．

なお音声知覚でも，生後数ヵ月までは種々の言語に含まれる言語音を区別して受け取っているが，およそ10ヵ月ほどで母国語の音韻体系以外の言語音についての弁別力は低下する（たとえば，われわれ日本人は音素 /l/ と /r/ との聞き分けが困難だが，乳児期にはそれらを弁別して聞き取っている）（鹿取，2003参照）．

母親や周囲の人たちとの音声的なやりとりをとおして，子どもの発声は，やがて特定の言語環境・音韻環境のもっている音韻体系に同化していく．そして生後1歳前後からことばを習得し始め，1語発話，さらに2語発話へと進み，音声言語を主としたコミュニケーション行動が開始されることになる。

ただし子どもが音声言語を話せるようになるには，ことばを話す人びとと接していることが必要である．一方，子どもは，一定の成熟の段階に達しなければことばを話すようにはならない．さらに，ことばの習得にとって適切な時期は年齢的に限られており，その臨界期はおよそ10歳前後とされている．ことばに接しない状況に長期間おかれたままになると，ことばの完全な習得は困難になる（Curtiss, 1977）．

LADとLASS　言語行動の発達は，多少の個体差はあるが，表10-2に示したようなほぼ共通の過程を辿る．また言語は，ヒトという動物種すべての個体に——とくに重度の障害がない限り——ひとしく用いられている．そこで言語を操る能力は，自然選択の結果，ヒトの長い進化の道程で生まれつき備えられるようになった本能である，といってよいだろう（Pinker, 1994）．

子どもは，必ずしも周囲の人たちから完全な文法的文を聴かされてはいない．しかし結局は，文法的な母国語を話すようになる．そこでChomsky（1968）は，ヒトには生得的に言語獲得装置Language Acquisition Devise（LAD）が備えられていること，そして子どもが特定の言語に曝されるとLADがその言語情報から文法を抽出するようになる，としている．

チンパンジーなどヒトに近縁の霊長類に疑似言語を習得させる試みが精力的におこなわれている．京都大学の霊長類研究所のアイは，多重構造をもつ視覚信号のレキシグラムを使って，ヒトとの間にかなり高度のコミュニケーションが可能となっている（図10-5; 松沢, 2000）．またピグミー・チンパンジーのボノボは，複雑な音声言語の文法的文を理解する（Savage-Rumbaugh & Lewin, 1994）．しかしこれらの動物たちの言語行動は，人間によって特別な状況が設定された上でのことである．また彼らが学習訓練を受け続けても，ヒトほどに自由にことばを操るまでには至らないだろう．その意味で言語行動は，ヒトという動物種にとって固有であり，本能的，生得的である．

とはいえ子どもは，周囲の人びとから切り離された状況で，ほうっておいて

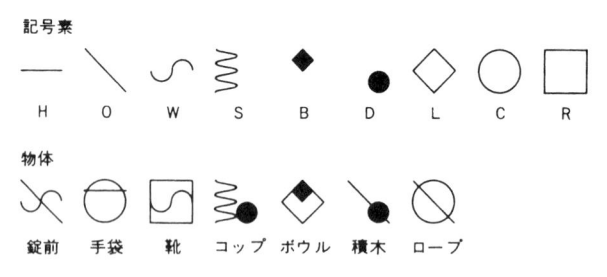

図 10-5 アイに用いられたレキシグラム（松沢，2000 を改変）

自然に言語を操れるようにはならない．生得的な LAD が作動し始めるには，初期の周囲の人びと，とくに母親ないしそれに替わる保育者との間で，言語的情報を含めて前言語的コミュニケーションのやりとりが必要である．

Bruner（1983）は，こうした周囲の人びととのやりとりの状況に含まれている条件を，言語獲得支持システム Language Acquisition Support System（LASS）とよんでいる．LASS とは，母子の相互作用における初期の前言語的コミュニケーション行動におけるフォーマットないし定式をさす．ただし具体的には，この LASS ないしはフォーマットの，必要にして十分な条件がなにかははっきりしていない．それを明らかにすることはまさに将来の研究に委ねられている．

2つの信号系の相互作用——発達過程　言語行動を含めて「生体信号系」を用いたコミュニケーション行動は，子どもと周囲の人びととの「対ひと関係」だけを通して発達していくのではない．その発達は，「対もの関係」における「もの信号系」と関連しつつ，相互に支え合っている．

一般に母親は，乳児がぼんやりと退屈しているように見えると，声を掛けてあやしたり，さらに「ガラガラ」のようなおもちゃを差し出して，乳児の「対もの関係」を促進させて外界への働きかけを活性化させようとする．また母親は，乳児の外界への働きかけが過度になると，その関心を他に向けさせたり，禁止したりして「対もの関係」の調整をおこなう．このように乳児の「対もの関係」の活動には，「対ひと関係」が関与し，周囲の人びととの「生体信号系」による働きかけがかかわってくる．このことが，乳児の知覚・認知機能としての「もの信号系」の活動の調整と発達を促すことになる．

一方，子どもは，1歳ごろになると親しい相手，コミュニケーションをもちたい相手に対して興味のある対象を指さしたり発声をおこなって，相手の注意を喚起して，注意を共有しようとする．さらに子どもは，自分にとって興味を引くもの，好ましいものを，親しい相手やコミュニケーションをもちたい相手に手渡したり分配しようとする．このように「もの」を介してのやりとりは，「対ひと関係」を促進し，コミュニケーション行動，言語行動を活性化させる．「もの」は，社会的コミュニケーションに対する一種の通貨としての機能をもつ．

　乳児の「もの」に対する循環的な行動は，それだけが閉じられた系として「対もの関係」の中で独立に生じているのではない．一般にこのような行動は，母親や周囲の人びととの「生体信号系」をとおしての相互交渉のもとで展開する．周囲の人びとは，乳児の「もの」に対する働きかけの程度に応じて，言語その他の「生体信号系」を利用して，ある時は活性化を促し，ある時は抑制をおこなって，その知覚的探索活動を調整しようとする．こうした「生体信号系」による働きかけの過程を通して，子どもの「周囲の事物・事象」との「対もの関係」が拡げられていく．

　ただし，感覚性障害や中枢性の障害のある子どもでは，しばしばこのような過程が妨げられる．一般にこのような子どもたちは，自発的活動も，周囲からの働きかけに対する応答も十分ではなく微弱である．そのため知覚的探索の展開と組織化を促すための情報量が不足することになる．その結果，自分の身体を絶えず揺する，特定の「もの」に固執する，などといった行動を繰り返し，知覚探索活動が閉じられた系にとどまってしまう．こうした知覚的活動を開かれた系としていかに展開させていくかは，発達遅滞児の療育にとって重要な課題である．

4　言語と認知

個体内コミュニケーション——意志的統御　言語記号を含めて「生体信号系」は，もっぱら個体相互間の意思伝達の道具として個体間コミュニケーションに用いられている．しかしわれわれは，自分自身に語りかけて決意を新たにするとい

ったように,「ことば」を個体内部でのコミュニケーションにも用いている.

　Luria（1959）によると，赤ランプが点灯したときにボタンを押し，緑ランプが点灯したときにはボタンを押さないといった課題で，3, 4歳児は，1回毎に実験者が「押せ」「押すな」といった命令を与えた場合，成功するが，1回毎に命令を与えないと混乱する．さらに課題をおこなうとき，赤ランプの点灯した時だけ「押せ」と子ども自身に声を出させて自分自身に命令を下すようにさせた場合はうまくいくが，緑ランプが点灯したときに「押すな」といわせると，しばしばボタンを押してしまう．5, 6歳を過ぎるころになると，このような誤りをしなくなる．そして初めのうちは声を出して自分自身に命令をしていたのが，やがて声を出さずに自分自身に内的に命令を下して，行動の調整ができるようになる．

　Luriaは，このような言語の働きを自己調整機能とよんだ．なお言語行動発達の初期には，こうした言語による自己調整機能も不十分で，ことばの意味的側面に応じて行動を調整することがむずかしい．3, 4歳児が「押すな」といいながらボタンを押してしまうのは，ことば自体のもつ「発動機能」，つまり情動喚起によって行動が生じてしまうため，と考えられている．

　すなわちヒトは発達するにつれて，言語記号を内的にやりとりをおこなって自分自身に命令を下し，自分の行動を意図的に制御して，特定の行動を引き起こしたり，また逆に抑制したり，さらに行動を一定方向に導いたりして，自己の行動を調整する．

　個体内コミュニケーション——思考・認知の道具　ヒトはまた，外界のいろいろな事物・事象を言語記号や身ぶり，図像的記号などに置き換えて，それを個体内部でやりとりしながら，情報の保持や操作をおこなって種々の認知的課題を解決している．ヴィクトル・ユーゴーがいうように，「人間は確かに自分自身に向かって話しかけることがある」のであり，「思考する生物たる人間にしてそれを経験しなかった者は一人もいない」（『レ・ミゼラブル』より）．

　5, 6歳児の発するいわゆる自己中心語は，まわりの仲間が聞いて理解することを期待して発せられるばかりでなく，また課題の解決にあたって自分自身にことばを発しながら思考過程を押し進めるもの，と考えられる．このような顕在化した発語は，やがて潜在化した「内言」として思考や認知課題解決の道

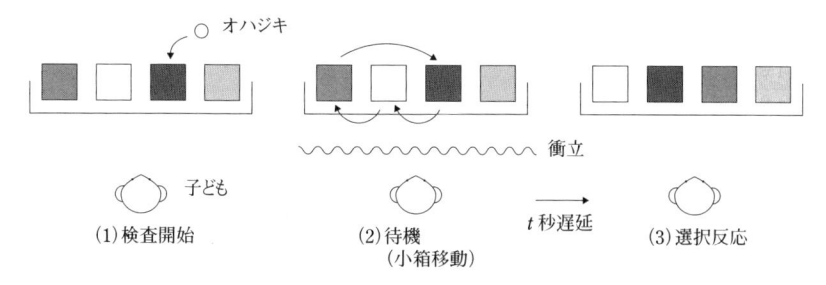

図10-6 幼児の遅延反応テスト（鹿取, 2003）

具としての役割を果たすようになる（Vigotsky, 1934）．

　赤・黄・緑・青の色紙を貼った小箱の1つに，白のオハジキの報酬を入れるのを言語発達遅滞児に見せてから，スクリーンで隠す．一定時間経過後どの箱に報酬が入っているかを当てさせるのである（図10-6）．色名の習得以前には，遅延時間が10秒を超えると正しい選択ができない．しかし色名習得後は，健常の子どもと同じように数分以上の遅延が可能になる．しかも色名習得後における初期の試行では，遅延期間中，色名をつぶやいているが，やがてこの発語も省略されてくる．

　また言語発達遅滞児の遅延課題で，身近な事物の絵（たとえば帽子・靴・石鹸・歯ブラシなど）を小箱に貼り，同じようなテストをしてみる．まだことばも身ぶりサインも獲得しておらず，自前の身ぶりも作り出せない段階の子どもは，やはり遅延時間10秒を超えると正しい選択ができない．一方，身ぶりサインを獲得しているか自前の身ぶりを作り出すことができる子どもは，遅延期間中，報酬の入った箱の絵を示す身ぶりをしながら待機し，より長い遅延時間でも正答する（鹿取, 2003）．

　ヒト以外の哺乳類でも身体運動やイメージなどを利用して遅延状況に対処していると考えることができる．なお，このような個体内コミュニケーションの働きは，外界の情報を，シンボル過程に置き換えて現前の課題解決に利用している，とみることができる．その文脈でいえば，個体内コミュニケーションの働きは，作動記憶という用語に置き換えてもよいだろう．

　言語「生体信号系」のモジュール　コミュニケーションは，種々の状況によって正常からの偏りや障害が生じる．その主な分類と原因とを表に挙げておく

表10-3 主なコミュニケーション行動の障害：分類と原因

分類	下位分類	原因
失語	表出性失語 受容性失語 その他	脳血管障害・脳腫瘍・頭部外傷など
高次脳機能障害	意識障害 失認 失行 記憶障害 半側空間無視 その他	上に同じ
言語発達障害	精神発達遅滞 言語発達遅帯 自閉症 後天性障害 その他	遺伝的要因など 不明 不明 頭部外傷など
音声障害		喉頭・咽頭の炎症・腫瘍・声の乱用など
構音障害	機能性構音障害 器質性構音障害 運動障害性構音障害	不明
吃音		不明
聴覚障害	小児聴覚障害 成人聴覚障害	遺伝的要因・母体内感染・周産期障害など 中耳炎・頭部外傷など

(伊藤, 2001 を改変, 簡略化)

(表10-3).高次脳機能障害における運動行為の障害である失行, 種々の感覚モダリティによる認知機能の障害である失認などは,「対もの関係」における「もの信号系」の障害ではある.ただしいずれも, 広い意味でのコミュニケーションになんらかの側面で偏りや支障が生じる.しかし一般的にいって, 基本的な言語処理能力はほぼ正常に保たれている.

一方, 失語は, 脳損傷によって生じる音声表出, 言語理解, 統語の表現, 文字言語の障害など, 基本的な言語処理能力の障害である (山鳥, 1985).失語は一般に, 大脳左半球に病巣がある (右手利きの場合97.5%, 左手利きの場合68.2%)(岩田, 1996).

Bellugi ら (Poizner et al., 1987) によれば, アメリカ・サイン言語 (ASL) を使用する聾者は, 左半球損傷によって ASL の失語を生じる.ただし視空間的

な課題には障害がない．一方，成人の右半球損傷者は，ASL の使用に関しては障害がないが，視空間的課題に障害が生じるという．

したがって音声言語に限らず，言語「生体信号系」の代表部位は，一般に左半球であり，言語機能のモジュールは，ヒトの長い進化の道程を経て左半球の特定部位に形成された，と考えられる．先に述べたように，「もの信号系」の活動としての認知の働きと，「生体信号系」の活動としての言語の働きとは独立し，それら2つの活動とは異なったモジュールによって支えられている．

しかし誕生前から誕生後6ヶ月以前（言語獲得以前）に左右どちらかに一側性の脳損傷を受けた乳児は，損傷部位にかかわらず言語能力や空間認知能力に一般的な発達の遅れを生じるが，やがて日常会話では言語能力に健常児との差がほとんど認められなくなる（Stiles & Thal, 1993）．ただし損傷を受けた年齢が高くなるにつれて，左半球損傷による失語が増大するとされている．

このことから Johnson（2005）は，①大脳左半球は言語処理にとってもっとも適切な領野かも知れないが，この領野がなくても言語はほぼ正常に発達すること，また誕生前後の病巣性の脳損傷は，損傷部位にかかわらず発達の遅れを生じること，②言語獲得の過程には，成人の言語行動にとって重要な領野とは異なった皮質領野がかかわっていること，などを指摘している。したがって言語「生体信号系」処理のシステムとして特定のモジュールないし皮質領野があらかじめ厳密に特定化されている，ということではないかも知れない．一方，大脳左半球は，言語「生体信号系」に含む特有の計算，とくに急速に変化していく時間的情報処理にて適合した領野である，と考えられる．

参考文献

Alcock, J. 1989 *Animal behavior: An evolutionary approach*. 4th ed. Sinauer Associates.

Bruner, J. S. 1983 *Child's talk: Learning to use language*. Oxford University Press.（寺田　晃・本郷一夫（訳）1988　乳幼児のはなしことば：コミュニケーションの学習．新曜社．）

Chomsky, N. 1968 *Language and mind*. Harcourt Brace Jovanovich.（川本茂雄（訳）1970　言語と精神．河出書房新社．）

Condon, W. S. & Sander, L. 1974 Neonate movement is synchronized with adult speech: Interactional participation and language acquisition. *Science*, **183**, 99-101.

Curtiss, S. 1977 *Genie: A psycholinguistic study of a modern-day "Wild Child"*. Academic Press.（久保田 競・藤永安生（訳） 1992 ことばを知らなかった少女ジーニー：精神言語学研究の記録．築地書館．）

Eibl-Eibesfeldt, I. 1973 *Der Vorprogrammierte Mensch*. Fritz Molden.（霜山徳爾・岩渕忠敬（訳） 1977 プログラムされた人間：攻撃と親愛の行動学．平凡社．）

伊藤元信 2001 言語聴覚障害学総論 言語聴覚士指定講習会テキスト第2版．医歯薬出版（p.194）．

岩田 誠 1996 脳とことば：言語の神経機構．共立出版．

Johnson, M. H. 2005 *Developmental cognitive neuroscience: An introduction*. 2nd ed. Blackwell.

鹿取廣人 2003 ことばの発達と認知の心理学．東京大学出版会．

小寺富子 1998 言語発達遅滞児の言語治療．診断と治療社．

Luria, A. M. 1959 *The role of speech in the reguration of normal and abnormal behavior*. Liveright.

松沢哲郎 2000 チンパンジーの心．岩波書店．

Meltzoff, A. N. & Moore, M. K. 1977 Imitation of facial and manual gestures by human neonates. *Science*, **198**, 75-78.

Morris, C. 1946 *Signs, language and behavior*. Prentce-Hall.

Nakakoshi, S., Kashino, M., Mizobuchi, A., Fukada, Y., & Katori, H. 2001 Disorder in sequential speech: A case study on pure word deafness. *Brain and Language*. **76**, 119-129.

Pinker, S. 1994 *The language instinct: How the mind creates language*.（椋田直子（訳） 1995 言語を生み出す本能 上・下．日本放送出版協会．）

Poizner, H., Klima, E. S., & Bellugi, U. 1987 *What the hands reveal about the brain*. The MIT Press.（河内十郎（監訳） 1996 手は脳について何を語るか：手話失語からみたことばと脳．新曜社．）

Porter, R. H., Makin, J. W., Davis, L. B., & Christensen, K. M. 1992 Breast-fed infants respond to olfactory cues from their own mother and unfamiliar lactating females: *Infant Behavior and Development*. **15**, 85-93.

Porter, R. H. & Schaal, B. 1995 Olfaction and development of social preferences in neonatal organisms. In E. B. Goldstein 1999 *Sensation and perception*, 5th ed., pp. 493-495. Brooks / Cole.

Savage-Rumbaugh, S. E. & Lewin, R. 1994 *Kanzi: The ape at the brink of the human mind*. Wiley.（石立康平（訳） 人と話すサル「カンジ」. 講談社.）

Stiles, J. & Thal, D.　1993　Linguistic and spatial congnitive development following early focal brain injury: Pattern of deficit nad recovery. In M. H. Johnson (ed.) 1993 *Brain development and cognition: A reader*. Blackwell.（pp. 643-664.）

梅津八三　1997　重複障害児との相互輔生：行動体制と信号系活動. 東京大学出版会.

Vigotsky, L. S.　1934　*Thought and language*. Wiley.

山鳥 重　1985　神経心理学入門. 医学書院.

あとがき

　臨床心理学はクライエントから学ぶという姿勢が大切であることはもちろんであるが，それと同時に世界レベルの学問的な達成から学ぶという姿勢も大切である．これまでの日本の臨床心理学は前者を強調するあまり，世界の最先端の研究を取り入れる姿勢が乏しかった．最先端の研究成果を取り入れ，臨床心理学の知識を現代化する必要がある．しかしながら，これまでの日本の臨床心理学が外国の心理療法を輸入する受信型であったように，最先端の研究を取り入れるだけでなく，日本の研究を海外にアピールしていく発信型になる必要がある．そこで，本書は，これまでの臨床心理学の知識を後追い的に解説することはせず，新しい臨床心理学を作り育てていくための発信を重視した．若い臨床家や研究者に対してわれわれのメッセージを発信し，来るべき次の世代を育てたい．

　本書を企画したのは 2001 年のことであり，それ以後，編者は日本心理学会を中心にいくつかのシンポジウムやワークショップを開いて，企画を練って来た．本書は，これまでの類書にない独創的な視点を提示しえたと自負している．そのためもあってか，また種々の事情により，完成するまでに随分長い時間がかかってしまった．多くの方にご迷惑をおかけすることになり，この場を借りてお詫びをしたい．とはいえ，いずれの章についても，その視角やメッセージは古びることがないと信じている．

　最後に，遅々として進まない仕事を辛抱強く支えていただいた東京大学出版会編集部の後藤健介さんと小室まどかさんに深く感謝したい．

2008 年 7 月

丹野義彦・小川俊樹・小谷津孝明

索　引

あ　行

アイデンティティ（自我同一性）　97, 98
温かい認知　17
誤りなし学習法　42
あるがまま　75, 76, 78, 80, 83
異常心理学　118
一級症状　166
井上和臣　57, 58
意味記憶　39
色（色の識別, 色名の習得）　125, 130, 195
ウェルズ　13
うつ病　12, 66, 72
梅津八三　119, 187
ヴント　111
ABC図式　67, 78, 171
エキスパート（研究）　21, 22, 29, 30
エクスポージャー法　11, 13, 65, 72, 80
エピジェネティック図表　89, 90
エピソード記憶　39
エプステイン, S　81
エリクソン, E. H.　4, 89, 93, 94, 95, 98, 100, 101, 102
エリス, A.　12, 171
応用認知心理学　114, 115
大野裕　53, 56
オペラント法　11
オレロン, P.　148
音韻意識　153, 154

か　行

開眼手術　5, 123
解決法の探索　20, 21
外的記憶補助法（外的方略法）　41
カウンセリング　10
顔（の視認）　124

科学者-実践家モデル　14, 18
ガレティ, P.　13
環境調整法　40
感情処理理論　12
感情ネットワークモデル　12
眼振　125, 127
完全主義　65, 71, 80
記憶術　41
記憶障害　36, 37, 38, 40
記憶の二重貯蔵モデル　39
器質性健忘　39
記述モデル　26, 27, 31
基礎（的）心理学　1, 2, 15, 111
　　――とのインターフェース　1, 2, 5, 27, 113, 120
気晴らし　65, 72
規範モデル　26, 27
気分本位　73, 74, 76
基本的信頼　91, 92, 93
逆行健忘　39
「9歳の峠」　157, 158
キュードスピーチ　150, 156
境界例　54
協同的問題解決　18, 30
強迫性障害　13, 66, 72, 79
強迫体験　165
クラーク　13
クライエント中心療法　3
軽作業期　73
系統的脱感作法　11
系列位置曲線　38
ケースフォーミュレーション　13
言語
　　――獲得支持システム（LASS）　192
　　――獲得装置（LAD）　191
　　――記号　189

──障害　6, 36, 181-199
　　　──性聴覚失認　182
　　　──発達遅滞　182
現実検討能力　60
構成信号系　187
行動アセスメント　11
行動主義心理学　10
行動パラダイム　10, 11
行動病理学　10
行動療法　10, 11, 13
心の地図　59
「5歳の坂」　159
個体内コミュニケーション　193, 194, 195
口話　156, 161

さ　行

作動記憶　195
サリバン，H. S.　92, 93
サルコフスキス，P.　13
三聖病院　72
視覚イメージ法　41
視覚障害・視覚失認　5, 182
自我（機能）　54, 96
自我障害　6, 165
自我同一性　→アイデンティティ
自我漏洩
　　　──感（の認知モデル）　171, 172, 173, 174, 175, 176
　　　──状況尺度　172, 173
　　　──症候群　166
　　　──体験　6, 165, 166, 177
時間制限心理療法　77
自己意識　6, 65, 68, 69
　　　──・自己内省尺度　68, 71
思考へのとらわれ　69, 71, 76
思考抑制　65, 69
自己注目　65
自己内省　67, 69, 71
自己不一致　65, 70
思想の矛盾　65, 67, 69, 70, 71, 72, 75, 80
実験心理学　113, 114

実証にもとづく臨床心理学　1, 18
自動思考　175
事物（の識別）　124, 128, 135
社会的問題解決モデル　24
社会不安障害・社会恐怖　13, 66, 170
シャルコー，P.　120
重作業期　73
四有の思想　103
熟達化　21, 22
手話　159, 160, 161
情動障害　36
情動的共感　186, 188
情動と認知の関わり　18
情報処理アプローチ　17
触運動的刺激　185
心因性健忘　39
人格障害　13, 57
心気症　66, 72, 79
神経質　66
神経心理学　35
信号としての不安　54
人工内耳　149, 150, 151, 152, 156, 157
新生児模倣　188
侵入思考　79
心理療法　2, 9, 10
スキーマ　16, 18, 21, 57, 174, 175
スキナー，B. F.　10
スターン，D. N.　61
ストレス　25
ストレス免疫訓練　12
生殖性　101, 102
精神交互作用　67, 68, 72, 75, 76, 82
精神的な現実（Psychic Reality）　54
精神分析療法　3, 51-64
生成の論理　88
生態学的妥当性　18, 21
「生体信号系」と「もの信号系」　181, 182, 186, 187, 189, 192, 193, 196, 197
精緻化　21
正の転移　21
生の欲望　73, 75, 76

索　引

赤面恐怖　166
世代継承　105
摂食障害　13
絶対臥褥期　72
説得療法　75
前向健忘　39
潜在期　95
前進方略　21
全体論的アプローチ（認知リハビリテーションの）　48, 49
先天盲開眼者　123-145
前幼児期　93
素因ストレスモデル　66
属性（の弁別・識別）　128, 132, 138
　　　――の重ね合わせ操作　138
　　　――の取捨選択操作　142
存在想起　43, 44

た　行

代償行動　36
対人恐怖・対人不安　13, 69, 167
短期記憶　38
遅延課題　195
知的探索活動　193
注意　67, 82
　　――訓練技法　78
　　――障害　36
聴覚
　　――学習　151
　　――失認　182
　　――障害　5, 147-163
長期記憶　38
聴能訓練　151
直面化　55
治療効果研究　15, 26
冷たい認知　17
ティーズデール, J. D.　12
手がかり漸減法　41
転移（Transference）　59
展望記憶（訓練）　42, 43, 44, 45
統合失調症　12, 169

とらわれ　67, 75, 80
内的方略法　41
内容想起　44
日常処理アプローチ　17
日常生活における問題解決　21
日常認知研究　18
乳児期　91
認知アセスメント　12, 13
認知科学　17
認知行動パラダイム　13, 15
認知行動病理学　13
認知行動療法　2, 9-16, 18, 19, 24, 26, 66
認知心理学　1, 12, 17, 18, 52
認知病理学　12
認知リハビリテーション　2, 3, 35-50
認知療法　2, 3, 11, 12, 53, 55, 56, 57, 58, 65, 66
認知論的精神分析　51
脳機能画像法　47
脳損傷　36, 37, 46, 47, 181, 196

は　行

バイオフィードバック法　11
バウアー, G. H.　12
発達障害　13, 66
発達段階　89
発達の連続性　88
パニック障害　13, 66, 72
反復訓練法　40
煩悶即解脱　72
ピアジェ, J.　91, 116, 148
ビーバー, I.　51
非言語性聴覚失認　181
非言語的コミュニケーション　184
ヒポコンドリー性基調　67, 68, 71
病態心理学　111, 113, 118, 119, 120
病理学的方法　4, 5, 111-121, 159, 161
ファース, H. G.　149
不安障害　12, 13, 67, 72
不完全性忌避　71
複雑な社会生活期　74

普通論理（森田理論の）　80, 81
物体失認症状　143
ブッチ，W.　60
フロイト，S.　4, 52, 53, 58, 59, 60, 89, 93, 94, 95, 116, 120
ブロカ，P.　4
ペグワード法　41
ベック，A. T.　12, 13, 51, 53, 55, 56, 57, 65, 66, 78, 174
防衛機制　60
補聴器　149, 150, 151, 152, 156, 157
保有（残存）視覚　124
ホロウィッツ，M. J.　52

ま行

マイクロパスト，H. R.　147
身ぶりサイン　183, 187
宮城音弥　119
無意識　61
無作為割付対照試験　15
メタ認知（的制御）　18, 21, 65, 79, 80
メンタルヘルス　25
妄想　13
森田正馬　65
森田療法　3, 4, 65-84
モリノー，W.　123
問題解決
　──アプローチ　19, 24, 28

──研究　20
──的スキル　25, 26
──のプロセス　20
──療法　2, 3, 17-33

や行

八木冕　112, 113
遊戯期　94, 95
抑うつ　67, 72, 174

ら行

ライフサイクル理論　4, 85-107
ラックマン，S.　12
ラベリング学習　183
離人体験　165
リテラシー　153, 160
臨床（法）　115, 116
臨床心理学　1, 9, 10, 15, 114, 115, 120
臨床心理士　14, 18
ルリア，A.　36, 194
レヴィン，F. M.　59
老年期　102
ろう文化　160
論理情動療法　12

Declarative Memory　60, 61
Non-declarative Memory　60, 61

[編者紹介]

小谷津孝明（こやつ・たかあき）千歳科学技術大学理事長，慶應義塾大学名誉教授．主要著書に，『認知心理学講座　第2巻　記憶と知識』（共編著，東京大学出版会，1985年），『教育カウンセラー標準テキスト　上級編』（図書文化社，2004年），ほか．

小川俊樹（おがわ・としき）筑波大学大学院人間総合科学研究科教授．主要著書に，『講座臨床心理学　第2巻　臨床心理学研究』（分担執筆，東京大学出版会，2001年），『子どものロールシャッハ法』（共編著，金子書房，2005年），ほか．

丹野義彦（たんの・よしひこ）東京大学大学院総合文化研究科教授．主要著書に，『自分のこころからよむ臨床心理学入門』（共著，東京大学出版会，2001年），『講座　臨床心理学』（全6巻，共編著，東京大学出版会，2001〜02年），ほか．

[執筆者紹介]（五十音順）

伊藤絵美（いとう・えみ）洗足ストレスコーピング・サポートオフィス所長．主要著書に，『認知療法・認知行動療法カウンセリング初級ワークショップ』（星和書店，2005年），『認知療法・認知行動療法面接の実際』（編，星和書店，2006年），ほか．

岩崎徹也（いわさき・てつや）日本橋学館大学名誉教授，東海大学名誉教授．主要著書に，『メラニー・クライン入門』（訳，岩崎学術出版社，1977年），『精神分析セミナー』（全5巻，共編著，岩崎学術出版社，1981〜85年），ほか．

梅田　聡（うめだ・さとし）慶應義塾大学文学部准教授．主要著書に，『し忘れの脳内メカニズム』（北大路書房，2003年），『「あっ，忘れてた」はなぜ起こる』（岩波書店，2007年），ほか．

鹿取廣人（かとり・ひろと）東京大学名誉教授．主要著書・論文に，「言語発達遅滞と基礎研究——言語発達遅滞における基礎研究／基礎研究における言語発達遅滞」『基礎心理学研究』18(2)，2000年，『ことばの発達と認知の心理学』（東京大学出版会，2003年），ほか．

斎藤佐和（さいとう・さわ）目白大学保健医療学部言語聴覚学科教授，筑波大学名誉教授．主要著書に，『聴覚障害児の教育』（共編著，福村出版，1996年），『特別支援教育の基礎理論』（編，教育出版，2006年），ほか．

佐々木　淳（ささき・じゅん）大阪大学大学院人間科学研究科講師．主要著書・論文に，「大学生における自我漏洩感を苦痛にする要因」『心理学研究』76(4), 2005 年, 'Two cognitions observed in Taijin-kyofusho and social anxiety symptoms.' *Psychological Reports*, 98, (2006), ほか．

辻　平治郎（つじ・へいじろう）甲南女子大学人間科学部教授．主要著書に，『自己意識と他者意識』（北大路書房，1993 年），『5 因子性格検査の理論と実際』（北大路書房，1998 年），ほか．

鳥居修晃（とりい・しゅうこう）東京大学名誉教授．主要著書に，『視知覚の形成』（全 2 巻，共著，培風館，1992 年・97 年），『先天盲開眼者の視覚世界』（共著，東京大学出版会，2000 年），ほか．

[編者紹介]

小谷津孝明（こやつ・たかあき）千歳科学技術大学理事長，慶應義塾大学名誉教授．主要著書に，『認知心理学講座　第2巻　記憶と知識』（共編著，東京大学出版会，1985年），『教育カウンセラー標準テキスト　上級編』（図書文化社，2004年），ほか．

小川俊樹（おがわ・としき）筑波大学大学院人間総合科学研究科教授．主要著書に，『講座臨床心理学　第2巻　臨床心理学研究』（分担執筆，東京大学出版会，2001年），『子どものロールシャッハ法』（共編著，金子書房，2005年），ほか．

丹野義彦（たんの・よしひこ）東京大学大学院総合文化研究科教授．主要著書に，『自分のこころからよむ臨床心理学入門』（共著，東京大学出版会，2001年），『講座　臨床心理学』（全6巻，共編著，東京大学出版会，2001～02年），ほか．

[執筆者紹介]（五十音順）

伊藤絵美（いとう・えみ）洗足ストレスコーピング・サポートオフィス所長．主要著書に，『認知療法・認知行動療法カウンセリング初級ワークショップ』（星和書店，2005年），『認知療法・認知行動療法面接の実際』（編，星和書店，2006年），ほか．

岩崎徹也（いわさき・てつや）日本橋学館大学名誉教授，東海大学名誉教授．主要著書に，『メラニー・クライン入門』（訳，岩崎学術出版社，1977年），『精神分析セミナー』（全5巻，共編著，岩崎学術出版社，1981～85年），ほか．

梅田　聡（うめだ・さとし）慶應義塾大学文学部准教授．主要著書に，『し忘れの脳内メカニズム』（北大路書房，2003年），『「あっ，忘れてた」はなぜ起こる』（岩波書店，2007年），ほか．

鹿取廣人（かとり・ひろと）東京大学名誉教授．主要著書・論文に，「言語発達遅滞と基礎研究——言語発達遅滞における基礎研究／基礎研究における言語発達遅滞」『基礎心理学研究』18(2)，2000年，『ことばの発達と認知の心理学』（東京大学出版会，2003年），ほか．

斎藤佐和（さいとう・さわ）目白大学保健医療学部言語聴覚学科教授，筑波大学名誉教授．主要著書に，『聴覚障害児の教育』（共編著，福村出版，1996年），『特別支援教育の基礎理論』（編，教育出版，2006年），ほか．

佐々木　淳（ささき・じゅん）大阪大学大学院人間科学研究科講師．主要著書・論文に，「大学生における自我漏洩感を苦痛にする要因」『心理学研究』76(4)，2005 年，'Two cognitions observed in Taijin-kyofusho and social anxiety symptoms.' *Psychological Reports*, 98,（2006），ほか．

辻　平治郎（つじ・へいじろう）甲南女子大学人間科学部教授．主要著書に，『自己意識と他者意識』（北大路書房，1993 年），『5 因子性格検査の理論と実際』（北大路書房，1998 年），ほか．

鳥居修晃（とりい・しゅうこう）東京大学名誉教授．主要著書に，『視知覚の形成』（全 2 巻，共著，培風館，1992 年・97 年），『先天盲開眼者の視覚世界』（共著，東京大学出版会，2000 年），ほか．

[叢書 実証にもとづく臨床心理学]
臨床認知心理学

2008 年 9 月 19 日　初　版

[検印廃止]

編　者　小谷津孝明・小川俊樹・丹野義彦

発行所　財団法人　東京大学出版会

代 表 者　岡本和夫
113-8654 東京都文京区本郷 7-3-1 東大構内
電話 03-3811-8814　Fax 03-3812-6958
振替 00160-6-59964

印刷所　株式会社精興社
製本所　誠製本株式会社

©2008 Koyatsu, T., Ogawa, T., & Tanno,Y., Editors
ISBN 978-4-13-011123-2　Printed in Japan

R〈日本複写権センター委託出版物〉
本書の全部または一部を無断で複写複製（コピー）することは，著作権法上での例外を除き，禁じられています．本書からの複写を希望される場合は，日本複写権センター（03-3401-2382）にご連絡ください．

叢書 実証にもとづく臨床心理学

統合失調症の臨床心理学　横田正夫・丹野義彦・石垣琢麿編　Ａ５・3600円

抑うつの臨床心理学　坂本真士・丹野義彦・大野裕編　Ａ５・3400円

不安障害の臨床心理学　坂野雄二・丹野義彦・杉浦義典編　Ａ５・3600円

臨床社会心理学　坂本真士・丹野義彦・安藤清志編　Ａ５・3800円

［以下続刊］

自分のこころからよむ臨床心理学入門　丹野・坂本著　Ａ５・2400円

幻聴と妄想の認知臨床心理学　石垣琢麿著　Ａ５・4400円

認知臨床心理学入門　丹野義彦監訳　Ａ５・4000円

カウンセリングを学ぶ［第２版］　佐治守夫・岡村達也・保坂亨著　Ａ５・2800円

自己注目と抑うつの社会心理学　坂本真士著　Ａ５・3500円

講座　臨床心理学　下山晴彦・丹野義彦編　各Ａ５・3500円
1巻　臨床心理学とは何か
2巻　臨床心理学研究
3巻　異常心理学Ⅰ
4巻　異常心理学Ⅱ
5巻　発達臨床心理学
6巻　社会臨床心理学

ここに表示された価格は本体価格です．御購入の
際には消費税が加算されますので御了承下さい．